カリフォルニア留学記

Michy Short

ちょっとスローに

みちる流

ショート・みちる
Michy Short
文と絵

小峰書店

Hi, again!
またみんなに会えてうれしいよ！

お久しぶり、ショート・みちるです。私がアメリカのカリフォルニア州に来てから、三冊目の本を出せることになりました。

＊

最初の本『みちるのアメリカ留学記』にも書いたけど、日本の小学校を卒業して留学した私は、アメリカ人を父親にもつというのに、アルファベットも満足に書けなかった。そのため、実際の学年より二つ下の六年生からスタートすることになった。その学校では、教室で放し飼いのウサギがぴょんぴょん跳《は》ね回《まわ》っていたり、ペットのヘビを片手に授業を受けてもよかったり、先生もコーヒーを飲みながら、机に腰《こし》かけて話したり、ほんとうにびっくりの毎日だった。でも、何より驚《おどろ》いたのは、授業中、みんなが争って手を挙げることだった。答えを間違《まちが》えたってぜんぜん気にしない。みんな、カリフォルニアの青い空のように、底抜けに明るかったんだ。

サンディエゴ市の高校に進んだころは、父を日本に残して、弟のルーキーと母も引《ひ》っ越《こ》してきた。私の通った女子校は百五十年もの伝統があるレベルの高い学校だった。裕福《ゆうふく》なお嬢様《じょうさま》が多くて、おてんばな私には不釣り合いだったのかも。お化粧《けしょう》は自由だけど、スカート丈《たけ》やブラウスの着方など、校則は超厳《ちょうきび》しかった。でも「〇〇デー」といったスペシャルな日には、先生も生徒も変な仮装をしたり、ゲームをしたり、下級生にいたずらをしたりと、楽しいこともいっぱいあったよ。二冊目の本の『みちるのハイスクール日記』に詳《くわ》しく書いたから、読んでみてね。

＊

アメリカで大学に進むには、入学試験はなくて、高校の成績がすごく重要。たとえばカリフォルニアでは、成績がオールAに近くないと、ハイレベルなUC系の州立大学は受験すらできない。SATという共通試験の結果がどんなによくても、学校の成績が悪いと「頭はいいのに学校ではさぼる、努力をしない生徒」と見なされて、逆に嫌《きら》われてしまう。だから、レベルの高い高校に入ると、いい成績がもらえなくて、大学に進むためにはかえって不利になることもある。

私は、がんばったけれど高校の成績は中くらいだった。だから私が入れるのは、ステイト系の州立大学か、私立大学、またはコミュニティカレッジという短期大学だ。私は、小さいころから絵を描《か》いたり、粘土《ねんど》をいじったりするのが大好きだったので、美術が強い大学に行きたいと思って探してみると、地元のサンディエゴ州立大学（ＳＤＳＵ）は芸術学部の評判がすごくいい。この大学の家具クラスはアメリカでも最高レベルだとか。美術というよりは現代アートを学べるという話だし、教授陣《きょうじゅじん》も今どきのアート界で活躍《かつやく》している人たちがそろっているという、私にとっては理想的な大学だった。それに、私はサンディエゴの一年中さわやかな気候も、こじんまりとしてのんびりとした雰囲気《ふんいき》もとても気に入っていたから、大学はぜったいＳＤＳＵに行こう！　と決めたんだ。

入学を希望する大学へは、すべてコンピューターで申しこめるのもアメリカ的だよね。合格通知は、大きな封筒《ふうとう》に入って郵送されてくる。これが届くまでは、ドキドキの毎日だったよ。

＊

高校のときは、片道一時間以上も運転して通学していたけれど、かなりきつかった。それで、大学に入ってからはキャンパスの近くに小さなアパートを借りることにした。はじめて家族と別れて、ひとりでの生活だ。おすし屋さんでのアルバイトも始めた。高校時代は勉強と通学で忙《いそが》しかったので、こんなふうに働いてお金をもらうという経験も、はじめてのことだった。

大学でまず最初にびっくりしたのは、授業のカタログ。電話帳のようにぶ厚いんだ。とりたいクラスがいっぱいあって迷ってしまうよ。一学期中に何クラスをとったら、何年で卒業できるか計算したり、アルバイトの時間のことも考えなきゃ。全部自分で選んで、計画を練って、自分で決める。自分だけの時間割を作るんだ。すべてが新しい経験だった。学生たちも、高校までの仲間たちとは違《ちが》う。いろんなバックグラウンドをもつ人たちが集まってきている。

これから、どんな授業が待っているんだろう。先生はどんな人たちなんだろう。芸術学部の設備はきっと素晴《すば》らしいに違いない。そこでいろんなものを作れたら、きっと楽しいだろうな。私の胸はもう期待でいっぱいだ。さあ、大学生活がいよいよ始まるんだ！

ショート・みちる

もくじ

Hi, again!　またみんなに会えてうれしいよ！…2
この本に登場する私の友達を紹介《しょうかい》するね！…8

Part 1
大学生活がスタート！…11
大学で学ぶアートはさすがに本格的で、
課題も難しくてたいへんだけど、なにごともチャレンジ！
はじめてのひとり暮らしに、アルバイトに、大忙《おおいそが》しの毎日だよ。

Part 2
友達と私のスローな毎日…65
個性的な仲間たちとの暮らしは、
つぎつぎとおもしろいことが起きて、考えさせられることも多い。
私も、自然や環境《かんきょう》にやさしい生活をしたいと思うこのごろだ。

Part 3
最近のアメリカ、気になること …111
車がないとどこにも行けない不自由な国。
でも、困っている人を放っておけない、心やさしい人がいっぱいの国。
そんなアメリカに暮らしていて、この国にますます興味がわいてきたよ。

Part 4
卒業まで、あと少し …171
選挙や、地元でのボランティアに参加したり、
少しずつ、でも確実に大人になってきた自分を感じるよ。
卒業後はどうしよう？　そろそろ将来のことも考えなくっちゃ。

みちる's アート・ギャラリー …224
みんなも「自分流」を見つけてね！ …226

Hi! ショート・みちるです。
この本に登場する
私の友達を紹介するね!

kuma

クマ：ゴールデンレトリバーのクマ。
最近は寝《ね》てばっかり

コーディ：とても器用で、棚《たな》でもベンチでもあっという間に作っちゃうよ

Kody

sam

サム：スケボー片手に、アメリカ中を旅しているよ

めいちゃん：ときどきこっちに遊びに来る、日本の幼《おさな》なじみ。韓国語《かんこくご》がペラペラ

Mei

Megan

メーガン：高校からの親友。日本のことが気に入っているみたい

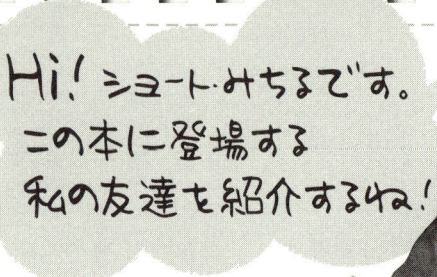

Nate

ネイト：片づけは苦手だけど、
料理の腕《うで》は天才的！

Bear & Rachel

ベア＆レイチェル：たくさんのことを
教えてくれたヒッピーのカップル

シェーン：グラフィティでは
ちょっとした有名人なんだ

Shane

弟のルーキー：
どの大学に進もうか、悩《なや》んでいるみたい

Luke

David

デイビッド：写真の勉強をしに
はるばるスイスからやってきたよ

この本では、円ドル換算《かんさん》の並記はとくにしておりません。ただし、この本を執筆中、一ドルは百三円から百二十四円の間を上下していました。

Part 1 大学生活がスタート！

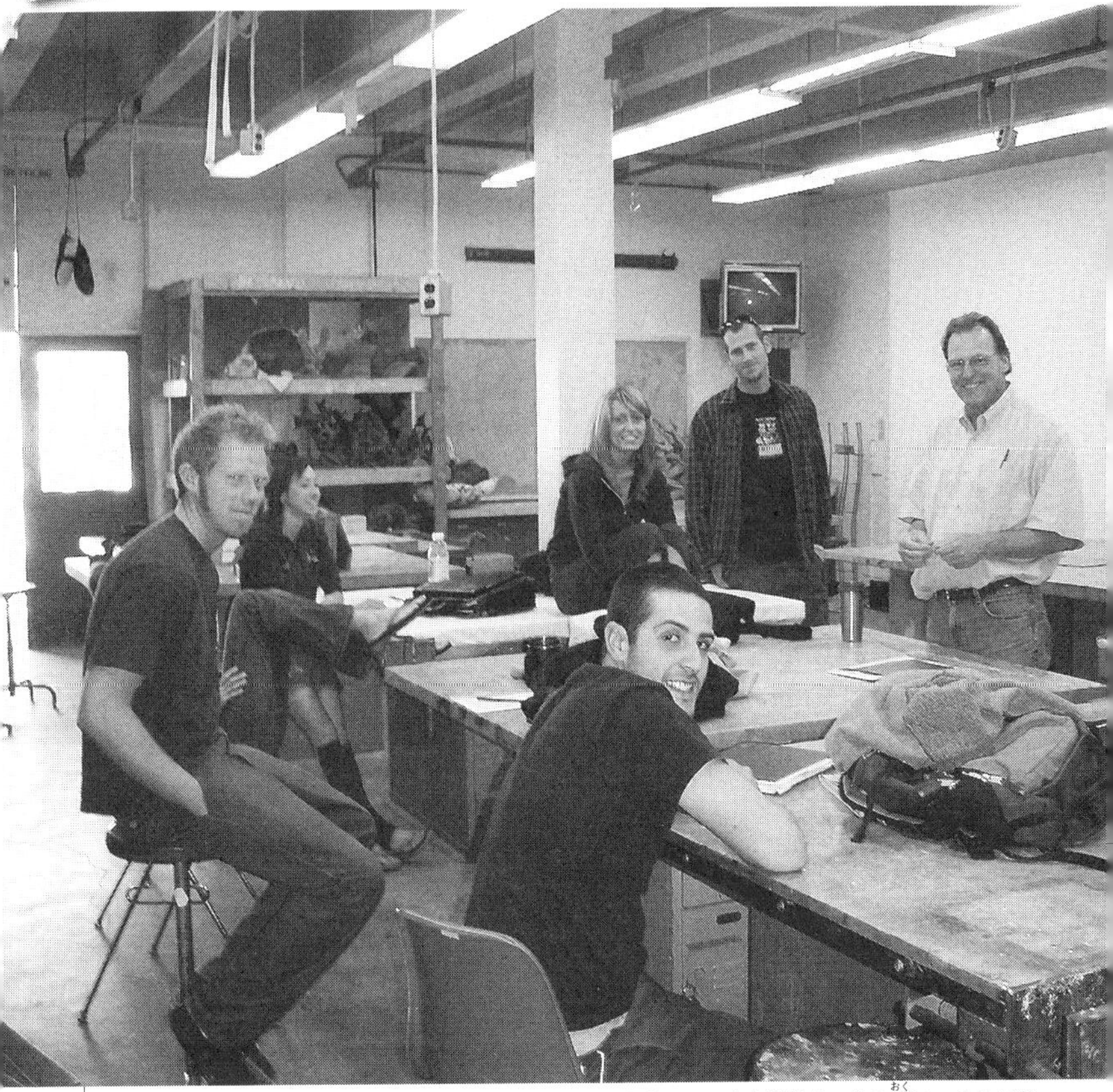

教室で、尊敬するキーリー先生やみんなと雑談中。左の奥《おく》にいるのが私。

大学で学ぶアートはさすがに本格的で、
課題も難しくてたいへんだけど、なにごともチャレンジ！
はじめてのひとり暮らしに、アルバイトに、大忙《おおいそが》しの毎日だよ。

大好きなオーシャンビーチに
スターバックスなんて、ぜったい反対！

ここサンディエゴにある「オーシャンビーチ」という小さな海辺の町は、私がいちばん好きな場所だ。

この町の人々はのんびりとしていて、みんな自分のペースで暮らしているし、ほかの人と違《ちが》うところがあってもあまり気にしない。お金がなくてもちゃんと人生を楽しんでいて、ぜんぜんあくせくしていないのは、ヒッピーが多いせいかもしれない。

住民がみんな、ちゃんと自分のポリシーをもっているというのはすごいことだと思う。たとえば、チェーンストアを嫌《きら》い、ファストフードのお店は町に一軒《けん》だけしかないというのは、おもしろい。

私がこの地域と縁《えん》をもったのは、大学に入ってすぐのこと。スターバックスコーヒーが町に入ってくることに住民たちが猛反対《もうはんたい》しているのを知って、私もプラカードを持って反対集会に参加したのが始まりだ。ちょうどそのころ、私のアパートの近くで友達のお母さんが経営するコーヒーショップが、スターバックスができたせいでつぶれてしまったこと

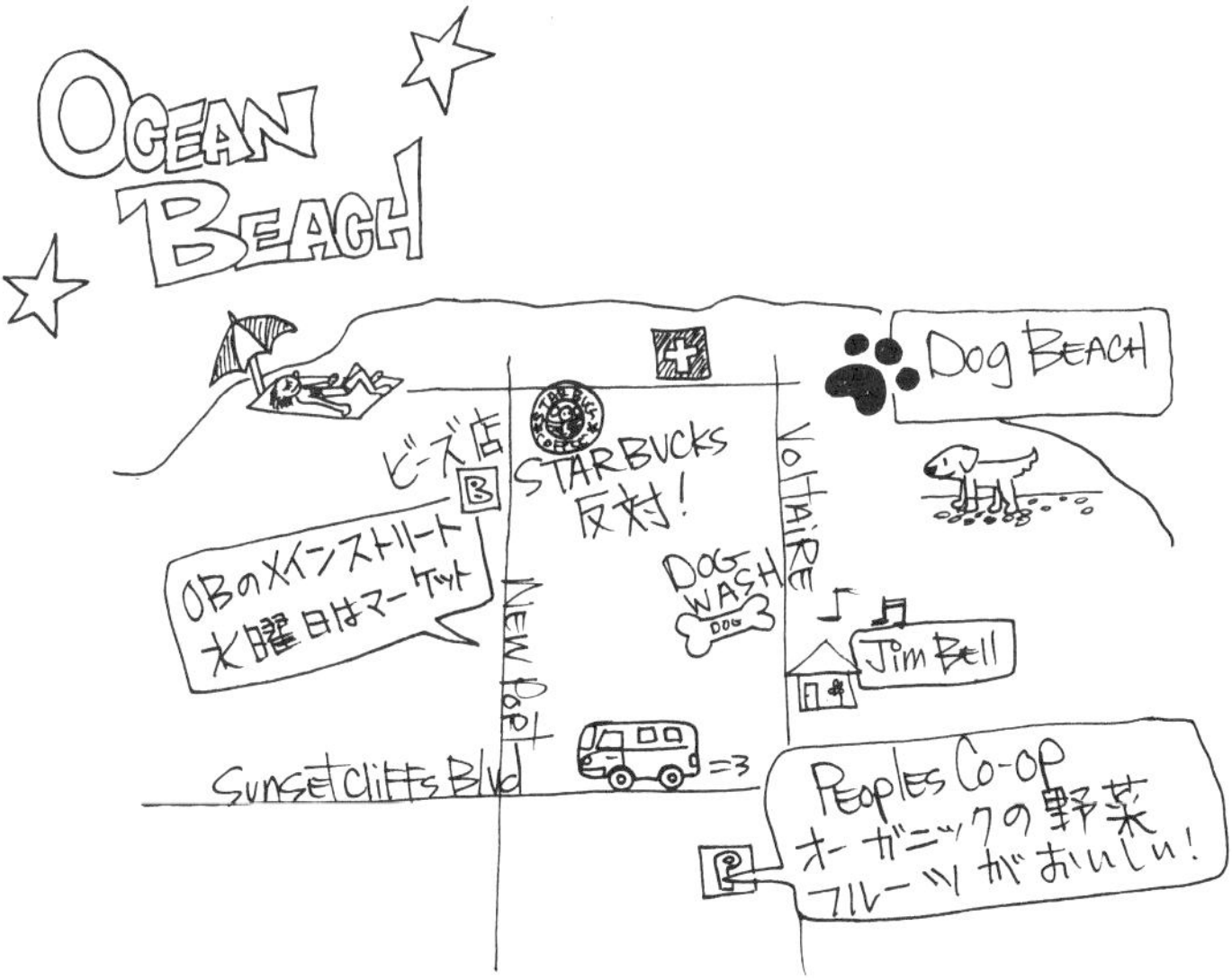

もあり、私はそうとう頭にきていたんだ。
コーヒーショップというのは、一軒ずつそれぞれ違っているのがいいのに、スターバックスみたいなチェーン店はどこもみんな同じなので、私は大嫌いだ。同じような壁紙《かべがみ》に、同じようなイスが並ぶインテリア、同じような味のコーヒー。安心感はあるのかもしれないけど、これではおもしろくもおかしくもない。
それに、チェーン店のコーヒー豆には農薬が使ってあるかもしれないし、どんな農薬がどんなふうに使われているのかわからないのも気になる。中には駐車《ちゅうしゃ》時間を短時間に制限している店もあるというけど、これでは、ゆっくり楽しむはずのコーヒーも、ファストペースになってしまう。

それでも、今いちばん人気があるスターバックスは、世界中で急激にその数を増やしている。私の大学内にも二つ店があるし、人が集まるダウンタウンには五、六か所はある。サンフランシスコへ行ってもっと驚《おどろ》いた。町角ごとに、スターバックスがあるんだよ。

でも考えてみれば、私も気がつかないうちに、マクドナルドの金色のM字の看板、通称「ゴールデンアーチ」などにうまる町の風景を見慣れてしまっている。けれど、どこの町も同じような、特徴《とくちょう》のない町並みになってしまうのは、おそろしいことだと思う。

オーシャンビーチの人たちは、マクドナルドが来るのにも反対し、いまだにオープンさせていない。チェーン店がほとんどないせいか、この町全体に昔の雰囲気《ふんいき》が漂《ただよ》っていて、町に一歩足を踏《ふ》み入《い》れれば、数十年前にタイムスリップしたような感じがする。『あの頃《ころ》ペニー・レインと（Almost Famous）』という七十年代を描《えが》いた映画のオープニングシーンはここで撮影《さつえい》されたほどだ。

オーシャンビーチの海辺には、私の友達のヒッピーカップルのベアとレイチェルのような、自然を愛する人や芸術家、音楽家がたくさん住んでいる。通りの名前に芸術家や、有名な詩人の名前がついているのも、オーシャンビーチらしい。

ここは観光客がおしよせるようなところではないし、店はみんな、地元の人が地元の人のためにやっているような小さな店ばかりだ。車社会のアメリカのわりに、自転車があればどこへでも行けるこぢんまりとしたところも私は好きだ。オーガニックの食料品店、リサイクルショップ、小さなギャラリー、花屋などが並んでいて、散歩をするのも楽しい。建物もみんな個性的で、見ていてあきない。

私は、毎週水曜日に開かれるマーケット（市）に、よく出かけていく。市というのは朝に開かれるものだとばかり思っていたけれど、ここでは、午後三時から夜七時ぐらいまで開かれていて、海に沈《しず》む夕日をながめながらの買い物は、すごくロマンチックだ。仕事帰りの人や、犬を連れた人、ラバに乗って遊ぶ子どももいたりして、とてもなごやかな雰囲気だ。

無農薬のリンゴはおいしいし、新鮮《しんせん》な魚やエビも手に入る。最近、私は甘《あま》いポップコーンに塩味がついているケトルコーン（kettle corn）をここで食べるのにはまっているよ。お金に余裕《よゆう》があればビーズも手に入れるんだ。いろんなお店のおばさんと顔なじみになって、まけてもらったりもする。

けっきょく、猛反対のかいもなく、オーシャンビーチにもスターバックスの店が建ってしまった。ここに来た帰りには、その店をジロッとにらんで、どんな人がいるのかをチェックすることにしている。すると、たいてい地元の人はいなくて、何も知らない観光客が入っているのだとわかり、少しホッとするんだ。

大好きなこの海辺の町に、もうこれ以上没個性《ぼっこせい》の店はぜったいに入ってきてほしくないと、私は強く願っている。

お客さんとも大の仲良し すしレストランでアルバイト

　日本でもそうだと思うけど、アメリカでもほとんどの大学生がアルバイトをしながら学校へ通っている。私は、日本人のミネさんが経営している「ザ・サーフサイド」という海辺のおすし屋さんで、入学してすぐから働いている。ほんとうは、本屋さんやブティック、またはアート関係の仕事ができるのが理想だけど、レストランでもらえるチップの魅力《みりょく》にはかなわないのが正直なところだ。それに、家族から離《はな》れてひとり暮らしを始めたので、日本語を忘れないためにも日本人のいるところで働きたかったからね。

　このレストランは、たくさんの若い人がサーフィンをしに集まる海から、歩いて二分ぐらいのところにある。ここは高級なビーチリゾートではないけど、近くにはすし屋さんだけで二十軒《けん》もあるんだ。きっと、日本の海辺の町より多いはずだ。アメリカでは、ここ数年すしブーム。もしかしたら、日本人よりすしを食べているかもしれないね。

　お客さんの中には、週に二、三回来る人もいるし、となりの高級住宅地ラホヤ（La Jolla）に住む大金持ちや、日本のビジネスマンも多い。

アメリカ人の考えるすしのイメージは、「ロール」と呼ばれる、ごはんを外側にして巻いた巻きずしのことが多い。サーモン、クリームチーズ、きゅうりが入っているフィラデルフィアロール、うなぎ入りの巻きずしの上にアボカドがのっていて、見た目がちょっと毛虫っぽいキャタピラーロールや、日本でもおなじみのアボカドとマグロが入ったカリフォルニアロールなど、種類も豊富だ。毎週月曜日の五時半から七時半まではこのロールが半額セールになっているので、この日は百人もの行列ができる。みんな我慢《がまん》強く一時間は待っている。こういうおなかペコペコの若者や大事な常連のお客さんなどにスムーズに席についてもらうようにするのが、私がしているホステスの役目だ。

ホステスというと日本では、お酒を飲ませるスナックやクラブで働く人のことをいうけど、英語ではぜんぜん違《ちが》うんだ。お店のフロントにいて、ウェイティングリスト（順番待ちの名簿《めいぼ》）にお客さんの名

前を書いてもらったり、席に案内したりする、お客さんのご案内係のことをいう。食事を運ぶウエイトレスとも、また違う役目だ。

ところで、今、酒爆弾《さけばくだん》（サケボンブ）という遊びが若者の間ではやっている。これは、ビールのグラスの上におはしをのせて、その上に日本酒の入ったおちょこをのせる、というもの。みんなで机をたたいておちょこがビールのグラスの中に落ちたら、そのミックスを一気に飲むんだ。盛り上がるので、若い人は大喜びするけど、グラスが割れてしまうこともある。すし屋の中にはこれをメニューのひとつにしているところもあるけど、ちょっと品をよくしたいと思っている私のお店では、このうるさい遊びはあまり歓迎《かんげい》していない。

「ザ・サーフサイド」は外観はあまり立派ではないし、道路から少し奥《おく》まっているので油断していると通り過ぎてしまいそうな小さいお店だけれど、中は意外と広くて、いつもたくさんのお客さんでにぎわって活気がある。その穴場的なところがうけているのか、金・土曜日の週末は予約でいっぱいになる。シェフのアキさんは、冷凍物《れいとうもの》を使うほかのすし屋とは違って、近所の浜《はま》でその朝獲《と》れたものや日本から直輸入したものなど、いつも新《しん》鮮《せん》なネタを使うことにこだわっている。トロ、アジ、イクラ、ウニと日本語でちゃんとオーダーしてくるアメリカ人の舌はこえているんだ。

働いてるすしシェフたちは、サーファーや、ギターなどの楽器を弾《ひ》くミュージシャンたちだ。私たち女の子もみんないっしょになって売り上げをのばそうとがんばっている。いつも明るい雰囲気《ふんいき》なのが私は大好きだ。

アメリカ人はこういう楽しい雰囲気の中で友達のように話しかけてもらうのが好きなので、常連のお客さんがすしシェフ全員にビールをおごっていっしょに飲むこともある。レストランでは、こういうお客さんと仲良くできて、満足してもらえるようなパフォーマンスがものすごく大切なんだ。

そして、よく来るお客さんは、料金の二〇パーセントぐらい、少ない人でも一〇パーセントをチップに置いていってくれるので、私たちはこれをみんなで分け合っている。私は一日五時間働いて、チップだけで平均五十ドルはもらっていて、最高にもらえたときは、一日で百十ドルということもあったよ。

お店の開店は夕方五時半で、十時半に閉まるのだけど、私はお客さんが少なくなってヒマになったら早めに帰らせてもらっている。一日おきに働いているけど、やっぱり勉強をしないといけないからだ。アルバイトのあとに大学へ行って、夜中に絵を描《か》いていることもあるんだ。

私は、きっと卒業まではこのお店でがんばると思う。仲良しのお客さんはみんな学校の様子などを聞いてくれて応援《おうえん》してくれるので、いい励《はげ》みになっているんだ。

薬好きなアメリカ人をテーマに陶芸の作品づくり

『ゴースト』という映画のシーンで、主人公のカップルがいとも簡単にろくろを回して花びんを作っていたのを見て以来、私は、ろくろはだれにでも簡単にあやつれるものとばかり思っていた。ある日、近所のガソリンスタンドで働いている友達が、高校時代に使っていたというろくろを私の家に持ってきてくれたので、さっそくやってみたところ、これがぜんぜんダメだった。粘土《ねんど》をきちんと真ん中に置かないと、左右に飛び散ったり、ペタンと倒《たお》れてしまったりする。これはきちんと教えてもらわなければ、使いこなせない機械なのだとわかった。それで、陶芸《とうげい》の授業をとってみようと思ったんだ。

ところが、最初の授業の日、ろくろが三十台も並んでいる教室を通り過ぎて、いざ自分のクラスにたどり着いたら、そこにはろくろが一台もないことを知り、私はかなりショックを受けてしまった。あとで聞いたら、ろくろを回すことは「スローイング（Throwing）」というそうで、そういえば私のクラスには「ハンドビルド（Hand build）」という名前がついていたっけ。言葉を知らないというのは悲しいことだ。

ハンドビルドというクラスは、ろくろで作る器などとは対照的に、実用性のあまりない置物などを作るのが中心だ。でも、まあ、小さいころから粘土をいじることが大好きだった私には、このクラスも向いているかもしれない。来学期にろくろをやればいいか、と気を取り直した。

先生は、日系のミセス・ハヤカワ。外見は一〇〇パーセント日本のオバサンっていう感じなんだけど、性格がとても陽気なまったくのアメリカ人っていうのが、いつも不思議に思えてしまう。「ハハハ」という笑い声も大きいし、動作も大げさ。愛犬のリアを連れてきていて、授業中もいつもいっしょだ。

このクラスの最初の課題は、超難解《ちょうなんかい》だった。現代社会における問題を、「動物」「植物」「人工的な物」で表し、それをひとつの作品にするというもの。私は、いろいろ考えた結果、アメリカ人が薬に依存《いぞん》しすぎていることにいつも疑問《ぎもん》を感じていたので、この問題をテーマに決めた。

テレビのコマーシャルにも、医薬品に関するものがとても多い。アメリカ人は、軽い病気でもすぐに薬を飲んだり、健康な人でもサプリメントをたくさん飲んだりする。でも私は、そういう化学物質を使うのではなく、昔から使われている薬草やハーブで治す自然療《しぜんりょう》法《ほう》だっていいものがいっぱいあるのに、と思うのだ。

つい最近にも、うつ病にかかった友達が医者からもらった薬を飲んでいたら、ピリピリ

した興奮状態《こうふんじょうたい》の行動をとるようになってしまったことがあった。

私は、そのピリピリ状態の友達を粘土で表すことにした。グリグリと大きく見開いた目、コイル状《じょう》になった前髪《まえがみ》と、この表現は「動物」がモチーフだ。そして、自然療法には背を向けているということで、後《うし》ろ髪《がみ》を薬草の形にしてみた。これで「植物」のデザインということになるのかな。手のひらには、こぼれ落ちそうなたくさんの錠剤《じょうざい》をのせ、指は薬のチューブ型にし、ここらへんは「人工」っていう感じだ。

まああのできとなり、先生からも、あまりの迫力《はくりょく》でハロウィンでもおそろしくって飾《かざ》れない、おもしろいできばえだ、とほめてもらった。

今度の課題は、昔のつぼの研究をして、今風にアレンジし直せ、というもの。私は、縄《じょう》文式土器《もんしきどき》にしようかなと思っている。

ところで、私の通う大学は美術に強くて、芸術学部の学生にも寛大《かんだい》だ。たとえば、この陶芸の教室は二十四時間出入り自由。泊《と》まりこんで作品を仕上げている学生をいつも見かけるし、火がついている「かま」のある焼き場も、真夜中でも使えるのはすごいよね。

私も、この間、アルバイトが終わったあとに、夜十時を過ぎてから大学へ行った。キャンパスポリスに電話をしてから焼き場を開けてもらい、同じ芸術学部のブライアンと、作品を作っているところの写真を撮《と》りたいというデイビッドを連れていった。ピザもそこからオーダーして、ちょっとしたパーティーになった。日本の焼き物の「楽焼き（Raku pottery）」とかけて「ラクパーティー（Raku party）」なんて呼んで楽しんだ。この次は、この「かま」で、キャンプファイヤーのときによくやるマシュマロ焼きを試してみたいね、などと話をしたんだ。

自由で活気がいっぱい！
私の通うSDSUを紹介するね

私の通うSDSU（サンディエゴ州立大学）は、遊び好きな学生が多いパーティースクールとしても有名だ。

雑誌『プレイボーイ』の中でも、「かわいい子がいるキャンパスベストテン」として、毎年必ず入っているほどで、残念ながら、勉強より遊びがさかん、という定評をもらっている。一年中、暖かい太陽がふりそそぎ、目の前は青い海だ。サーフィンや、ビーチで日焼けをしようと、アメリカ中から若者がこの大学に集まってくるのだから、しょうがないかもしれない。

勉強のほうは、すぐ近くにあるトップが集まる名門のUCSD（カリフォルニア大学サンディエゴ校）にまかせたという感じだ。とはいっても、サンディエゴの地域外からSDSUに応募《おうぼ》するとなるとふつうよりもちょっと上の成績でないと入れない。サンディエゴ内の高校からなら、まあまあ平均の成績をとっていれば、だれでも入れるけどね。

日本のように入学試験というものがないから、入学するのはわりと簡単だけど、在学中《ざいがく》に総合成績C以上をとっていないとすぐに追い出されるのは、やっぱりアメリカの大学だ。でも、もしそうなってしまっても、コミュニティカレッジという近所にある二年制の大学に移って、そこでがんばって成績を上げれば、またここのような四年制の総合大学に戻《もど》ってこられる。チャンスがちゃんと残されているところが、アメリカの大学システムのいいところだと思うよ。

SDSUでいちばんいい学部といわれているのが、経営学部（College of Business Administration）だ。インターナショナルビジネスのクラスもたくさんあるので、じつは私も少し興味がある。輸出業などの仕事について勉強ができたら、将来役に立つかもしれないからね。

工学部（College of Engineering）はどの大学もレベルが高く、ここSDSUも難関のひとつだ。今学期、私は朝一番のクラスから次のクラスに行く途中《とちゅう》、工学部の校舎を通るので、この学部の友達、マイクにもよく会う。彼《かれ》もそうだけど、みんなここの学生は色白でメガネをかけている子が多い。ガリベンタイプのまじめな人たちにまじって、私のような芸術学部の子がいると、あまりにも対照的に見えるはずだ。

自然科学部（College of Sciences）の生物学のところにも、私はときどき遊びにいく。食虫植物にとても興味がある私は、見学時間に合わせて温室をチェックしにいっているのだ。そこで働くボブというおじさんは、最初は感じが悪い印象だったけど、話をしてみ

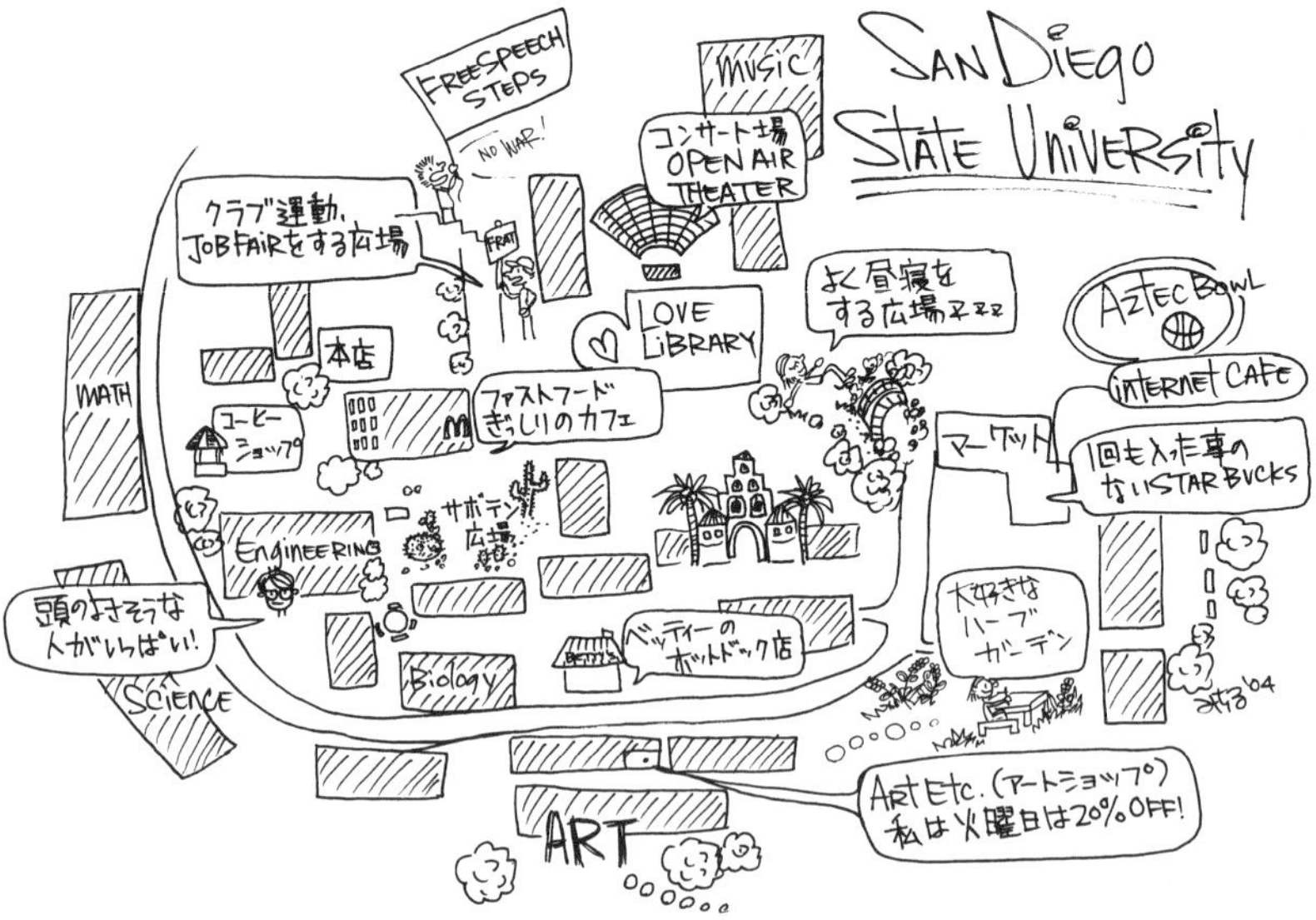

るとそんなことはなく、今はすっかり顔なじみの友達になった。デイビッドが温室でビデオ撮影《さつえい》をするのも快く許可してくれたほどだ。室内は、まるで熱帯雨林のジャングルにでもワープしたかのようになま暖かくて、映画『風の谷のナウシカ』の中で、ナウシカが自分で植物を栽培《さいばい》しているシーンを、私はいつもここに来るたびに思い出す。

　SDSUには、一学期に十二単位以上をとる「フルタイム」の学生が二万人、「パートタイム(十二単位未満で、奨学金《しょうがくきん》などはもらえない)」の学生も六千人いる。かなりのマンモス大学といってよい。メインキャンパス（大学の中心）のあたりは、ぶつかりそうなくらいいつも人であふれていて、まるでディズニーランドに来たかのようだ。キャンパスの中には専用のバスも走っているし、警察もある。郵便番号だって大学専用にあって、ひとつの町がここにあるようなものだ。

それから、すべての銀行のＡＴＭもあるし、マクドナルド、スターバックスコーヒーはそれぞれ二店、タコベル（メキシコ料理）、クリスピークリーム（ドーナッツ）などのチェーン店も構内に入っている。大きな食堂は西と東の二か所にある。でも味はあまりよくないので、私は友達のシェーンたちといっしょに、キャンパスからちょっと歩いたところにある、個人経営の小さなメキシコ料理のレストランでお昼を食べることが多い。

大学の図書館は、ダウンタウンにある町の図書館よりも大きい。インターネットは使い放題で学生証（ＩＤ）のチェックもないし、とても便利だ。

キャンパスには池があって、音楽専攻《せんこう》の学生たちがその近くで、よく野外コンサートを開いている。プロのバンドが来たときには、バスケットなどをする大きな体育館を使ってコンサートをするんだ。

こういうイベントの情報を知りたいときは、大学新聞の「デイリーアズテック（Daily Aztec）」を見るのがいい。これは、学生が毎日発行していて、タブロイド判で六ページもある新聞だ。

大学での話題やスポーツのほかに、図書館の古本セール、演劇部の中古衣装セール、クラフトセールなど、その日のお知らせがいっぱいのっているので、私は必ず見るようにしている。この間は、図書館でものすごく高価な美術の本が中古で売り出されているのを見《み》逃《のが》してしまい、ショックだった。これからは気をつけなければ。

この新聞で連日取り上げられていた話題に、大学のマスコットのことがあった。SDSU創立以来のシンボルは「モンテズマ（MONTEZUMA）」というメキシコ先住民の戦士だった。フットボールなどの試合では、このモンテズマの衣装を身につけた男の子がばかげたようなダンスをして応援《おうえん》する。

これを見て、やっぱりメキシコ系の学生はいい気持ちがしなかったので、マスコットを変えるよう大学にせまったのだ。ほかの大学のマスコットはたいてい動物なのに、SDSUは半分はだかのようなインディオが登場するので、英雄《えいゆう》がばかにされているように見えるのだと思う。全学生による投票があって、けっきょく、シンボルマークはただの文字をあしらったデザインになった。マスコットの衣装もかなり変わり、モンテズマではないただの戦士になったが、次はまたどうなるかわからない。

何かの問題について、みんなに訴《うった》えたいことがあれば、キャンパスの中の「Free Speech Steps」という場所に行って、大きな声で叫《さけ》べばよい。戦争反対とか、大学の方針に対しての意見など、言いたいことはここで訴えることが許されているのだ。ビラを配るのも自由だ。ここにはいつも活気がある。

　そして、私のいる芸術学部（College of Professional Studies and Fine Arts）のきれいな五階建ての建物は、メインキャンパスから離《はな》れた静かな丘《おか》の上にある。庭のベンチで昼《ひる》寝《ね》をしている子や、地面に座りこんで話をしている子がよくいる。

　私はこの、のんびりとした雰囲気《ふんいき》が大好きだ。駐車場《ちゅうしゃじょう》もたいてい空いているので苦労することもない。そして芸術学部の学生とも半分ぐらいは顔なじみになったし、知り合いの先生もたくさんいるので、みんなと会うのもまた楽しい。入学したころは、教養課程の教室に入ろうと思ってもあまりの人数で入りきれなかったこともあり、この大学がいやになってもっと小さな大学に移ることを考えたこともあった。でも今は、ここに残ってほんとうによかったと思っている。

　授業はおもしろいし、つぎつぎに課題の作品づくりをするのはたいへんだけれど、とても楽しい。卒業後は、ここの大学院へ進んでもっと専門的なクラスで学び、本格的なアーティストになれたらいいなー、と考えているんだ。

すごい才能の持ち主 〝落書き画家〟のシェーン

髪《かみ》をボサボサにした小柄《こがら》で色黒の男の子、シェーンに私がはじめて会ったのは、大学に入って最初のスケッチのクラスのときだった。まだ十七歳《さい》ぐらいに見えたけれど、ほんとうは二十一歳。いつも黒っぽい服装をしていて、地味な感じがした。

彼《かれ》は、その大胆《だいたん》な構図や木炭の使い方で、最初からクラスの中でもひときわ目立っていた。ただものじゃない才能の持ち主だということを、私もすぐに感じたんだ。

それもそのはず、彼は落書き画家とも呼ばれている「グラフィティアーティスト（graffiti artist）」として、すでに活躍《かつやく》していたのだ。

グラフィティとは、このごろ日本でも見かけるようになったけれど、公共物やビルの壁《かべ》や橋脚《きょうきゃく》などにされているいたずら書きのこと。七十年代にニューヨークやフィラデルフィアの地下鉄に描《えが》かれたのをきっかけに、あっという間に全米に広まった。もともとは文字をデザインしたものが始まりだけど、最近はイラストも多い。

これはもちろん違法行為《いほうこうい》だ。見つかれば逮捕《たいほ》されて罰金《ばっきん》をとられたり、ろう屋にぶちこまれたりする。シェーンは、グラフィティを始めた高校生のころ、あまりよく考えずに自分の本名の「Shane」と描いていたため、すぐにばれて何度か捕《つか》まったそうだ。あるときは、自《じ》宅《たく》軟《なん》禁《きん》(house arrest)の罰《ばつ》を受け、足には居場所がわかる発信機つきのアンクレットをつけられた。四か月間学校にも行けず、家にとじこもっていたので、ブクブクと太ってしまったそうだ。

シェーンの
バックパックは
ペイントで
いっぱい！
HARDCORE
HARDCORE
JANS.

　彼の両親は、名門カリフォルニア大学バークレー校を出ている。インド人のお父さんは成功しているビジネスマンで、今でもこりずにグラフィティをしているシェーンのことをものすごく心配しているらしい。白人のお母さんは反対にのんびりとしたヒッピータイプで、いつも大目に見てくれるとか。

　私は、グラフィティというのは、ギャングと呼ばれる若者の暴力的な犯罪グループがなわばりを主張して、いたるところに自分の名前やグループ名をスプレーペイントすることだと思っていた。ところが、ギャングとは違《ちが》うシェーンのような人たちがいることを知って驚《おどろ》いた。

彼らは、今ある社会体制に反抗《はんこう》していることを表したいと考えているのだそうだ。もちろん、違法なことをしているというスリルも好きなのだろうけれど、グラフィティを芸術作品にまで高めようともしている。彼らのような、美術の伝統的な本流から外れて、独自の流れを作ろうとすることをアウトロー・アートと言ったりもする。

シェーンたちには彼らなりのポリシーがあって、地域の店やふつうの人の家の壁などには描かず、おもにフリーウェイなどの壁や大資本の企業《きぎょう》の掲示板《けいじばん》、貨物列車などに描いている。こういうところは、日本のグラフィティとは違っているような気がする。中でも、いちばん描きたい場所は貨物列車だそうだ。作品をのせて移動してくれるので、自分の作品がたくさんの人の目に触《ふ》れるからね。

最近のシェーンは捕まらないように気をつけていて、描き上げたらすぐにその場から退散するようにしている。けれど、次の日には必ずその場所に戻《もど》るんだ。なぜかというと、自分の作品を写真に撮《と》るためだ。そしてその写真をビルのオーナーなどに見せて、作品を認めてもらい、グラフィティを描く場所を提供してもらったりしている。

グラフィティ用の彼の名前は「Kure」という。彼の作品は「落書き」とはいっても、とても芸術的なデザインなので、世界的な現代美術雑誌『JUXTAPOZ』にのったこともある。これには私もびっくりした。

近ごろは、仕事として描いてくれと頼《たの》まれることもあり、小学校の壁やTシャツのデザインもしている。私たちが借りている家の入り口の白壁にも大きく描いてもらった。スプレーを使って三時間ぐらいであっという間にできあがった。とてもモダンな感じで、どこに「Kure」と描いてあるのか一見わからない。言葉がかくれているところがとてもおもしろいと思う。

今、彼はグラフィックデザインや文字のデザインのクラスもとって、自分のグラフィティに役立てようと勉強している。これからどんな芸術家となっていくのか、私は楽しみにしているんだ。

数学の成績がピンチ！期末テスト直前に塾へ

　そろそろ期末試験だ。試験勉強らしいものをしない芸術学部の私と違《ちが》って、工学部のマイクは、連日猛勉強《もうべんきょう》をしている。彼《かれ》は今、四年目だけど、卒業までにあと二年はかかるらしい。たとえば数学の内容も超難解《ちょうなんかい》。エンジニアになるって、すごくたいへんなんだね。

　彼は、授業以外の大半の時間を図書館で過ごしている。グループスタディというものに参加しているんだ。図書館には、そういう人たちのための勉強室がいくつかある。五、六人ぐらいが座れるようになっていて、小さな黒板もついている。アメリカでは高校の上級生くらいになると、グループで勉強をして、宿題を助け合ったりするんだ。私も何度か勉強室を利用したことがあるよ。

　高校までの数学はたいして勉強しなくても簡単にわかったので、大学で微積分《びせきぶん》のクラスをとったときも甘《あま》く考えていたら、いつの間にか取り残されてしまった。あせった私は、事務室へ行ってチューター（tutor＝個人教師）に申しこみ、図書館の勉強室で教えてもらうことにした。もし、このときすぐに先生が見つからなければ、申しこみ用紙の先生の

空いている時間に、自分の名前を書いておけば予約ができる。

先生といっても同じ学生なんだ。私のときは女の子で、やさしくていねいに教えてくれたので助かった。教えるほうは、バイト料なんてもらえないけれど、そのかわり単位をもらえるから、これもまたうまくできているシステムだ。たとえば、日本からアメリカに留学してきて、英語で苦労しているときなどは、このチューターに教えてもらえばぜったいにお得だよね。

ところで、この数学のクラス、私は単位を落とすことはないと思ったけれど、成績は合格点ギリギリのDになりそうな予感がした。

それだけはなんとか避《さ》けたいと思って

いたとき、大学新聞の「デイリーアズテック」にのっていた、「Aプラスレビュー」という名前の塾《じゅく》の広告が目にとまった。広告文によれば、この講座を受けると、必ず成績がワンランクアップするという。つまり、CはBに、BはAになるというんだ！「このおかげで、命拾いをした！」という学生の強烈《きょうれつ》なコメントもあった。

そうか、私のDもCになるんだと思うと、すぐにも行動を起こさなくてはいけない。さっそく電話をかけたら女の人が出て、クラスの先生の名前、クラスの番号などを聞かれた。講座はテストの二日前で、料金は三、四時間で、五十ドルということだった。

言われた時間に行くと、ギルという男の先生がやってきた。あとでわかったことだけど、彼は昔、実際にこの大学で数学を教えていたらしい。ギル先生は、スパイを数学のクラスすべてに送りこんでいて、彼らは授業を録音し、テストに関するすべての情報を集めてくる。だから、たとえばどの先生がどのように採点するのか、だれの採点がいちばん甘いかなどを、よーく把握《はあく》しているのだという。

ギル先生は、私の数学の先生の歩き方や口ぐせなどをまねするので、おかしくて思わず大笑いをしてしまった。それにしても、驚《おどろ》くほど下調べがしてある。練習問題の用紙をどんどんくれて、勉強はとても効率よく進んだ。途中《とちゅう》の休み時間には、ピザまでサービスしてくれたんだ。

しかも、それだけではない。テストの前日には、ギル先生から直接電話があり、私が受けるのと同じ試験を、今日すでに受けたというスパイからの貴重な情報を教えてくれたのだ。どうやら講座ではカバーしなかったところも少し出たので、そこも見ておくように、ということだった。これはすごいサービスだ。ここまでしてもらって五十ドルとは、ぜったいに安い。

おかげでテストではなんとBがとれ、最終成績はCになれた。予想以上の結果に、とても満足だ。

こうして、苦労して微積分のクラスを終えたあとになって知ったのだけど、芸術学部の学生には、そんな難しい数学のクラスは必要ではないそうだ。せっかくがんばったのに、なんだか、すごくムダな努力をしてしまったみたいな気分だ。

庭つきの大きな一軒家を友達みんなでシェア

大学に入ってから、私は家を出て、高校からの友人のジェイミーといっしょに暮らしはじめた。あるとき、アパートの家賃は千ドルもするので、これなら一階に住んでいる友人のネイトとジェフの分も合わせれば、一軒家《いっけんや》が借りられるはずだという話になった。私も美術の作品づくりのスペースがもっと欲しいと思っていたし、みんな乗り気になって家探しを始めたんだ。

新聞広告や、インターネット、大学の掲示板《けいじばん》などを見ては、五十か所ぐらいに電話をかけまくった。けれど、パーティー好きの大学生はうるさいし、汚《きたな》くするという評判があるので、「学生」というだけでもう相手にしてくれない。たまに、会ってくれるという人がいると、こぎれいなシャツに着替《きが》えたネイトが代表して面接に行くのだけれど、けっきょくみんな断られてしまった。

三か月間、必死で探しても見つからないので、もうダメだとあきらめかけていたとき、新聞の広告が目にとまった。いちかばちかで電話をすると、イタリア系アメリカ人らしい

HillGROVE STREET
ガレージ
(みんなのガラクタでいっぱい)
デイビッド
ネイト
ジェフ
リビング
人がいっぱい泊まれるようにソファは5コ!
みちる
キッチン
リビング
アートプロジェクトを実行中
バドミントン大会
芝生
パティオ
水の流れない噴水
みかん
ブランコがある木
赤ちゃんプール
デッキ
学校まで見られる!

所有者が出て、すぐ見にきてもいいという。

その家は、大学までは車で三分、今までのアパートとは高速道路をはさんで反対側の、静かな住宅地の中にあった。道路から階段を二十段ぐらい上ると、家の入り口にたどり着く。家の中はけっこう広い。暖炉《だんろ》もあるし、リビングルームは二つあって、タイルばりの台所も広々としている。寝室《しんしつ》は四つで、バスルーム（トイレとシャワーの部屋《へや》）も二つある。中でもいちばん気に入ったのは、なんといっても庭だ。もともとここは、お医者さんが建てたというだけあって、赤い岩にできた滝《たき》や噴水《ふんすい》の跡《あと》など、なかなか高級感がある。

池のまわりの木の階段を上っていくと頂上にはウッドデッキがあって、そこからのながめがすごい。大学も見えるし、夕焼けなんかもきれいそう、と大感激をしていると、そのイタリア人の大家さんのジョーが「日本人はいい人だから好きだ」なんて言ってくれた。そして、明日までに家賃一か月分の千八百ドルを持ってくれば、すぐに入居してもいいと言ってくれたので、みんな大急ぎで銀行へ直行したり、親に電報を打ったりしてお金を作ったんだ。

ここ十年間ほど、学生たちが住んでいたという家の中は、ずいぶん汚くなっていたので、まず大掃除《おおそうじ》から始めることにした。友達も手伝いにきてくれて、十人ぐらいで二日かかってすべての壁《かべ》を白いペンキで塗《ぬ》った。ジョーも大喜びでペンキをたくさん持ってきてくれた。玄関《げんかん》も磨《みが》くと、タイルが白くピカピカになった。

女の子は私一人なので、バスルームもついているいちばん大きな寝室をもらった。ロサンゼルスの大学に転校したジェイミーのかわりに、長年の友達デイビッドが加わり、ジェフ、ネイトと四人で住みはじめたんだ。

広い庭にバドミントンのネットをはってコートを作ったり、大きな木にハンモックをぶら下げてユラユラしたり、ガラスやタイルの工芸コーナーも作った。ろくろもそこに置くことにした。ガレージの中は、写真家志望のデイビッドのために、コーディが写真現像室を作った。デイビッドは大喜びだ。

この夏には、直径三メートルの巨大《きょだい》プールをデッキに置いて、涼《すず》しいパラダイス気分を味わうことができた。水道代は倍にはね上がったけれど、最高に楽しい夏になったんだ。

リビングは、天井《てんじょう》のまぶしいライトをかくすようにインド製の布でおおい、アジア調の雰囲気《ふんいき》を出してインテリアをアレンジした。この二つのリビングには五つもソファが置いてあるので、いつもだれかが泊《と》まっている。このスペースは、すっかりホステルといった感じがする。

これまでの長期滞在者《たいざいしゃ》は、デイビッドの友達でスイスから来たパスカルや、私の日本の友達めいちゃんなど。弟のルーキーも、いつも来たいと言っている。

私は、いろんな人が来て、新しい情報をもらったりできるこんなオープンな家での生活が気に入っている。卒業するまでここにいたいと思っているよ。

彫刻のクラスで巨大なガネーシャづくりに挑戦！

彫刻《ちょうこく》クラスの先生はジュディスという名前で、ヨーロッパ人とすぐにわかるような英語を話す、五十歳《さい》ぐらいの女の人だ。教室は一階で、陶芸《とうげい》クラスのとなり。ヌードモデルを使う上級クラスではなく、私のはごく初心者向けで、どうやって型をとるか、ということを学んでいく。

まずは、自分が持っている小さな置物を、大きなサイズに作り直すことから習いはじめた。私は、すぐにインドのヒンドゥー教の神様「ガネーシャ（Ganesha）」を作ろうと思いついた。

どうしてガネーシャにしたかというと、以前私が住んでいたアパートのとなりの部屋《へや》に、八人のインド人が引《ひ》っ越《こ》してきたことがある。彼《かれ》らは、日の出前の、まだ真っ暗な四時にはもう起きだして、ガネーシャに祈《いの》りをささげていた。それから予習をして、大学に行くのだという。彼らに会って以来、ガネーシャとはなんの神様だろうと、すごく興味を覚えていたんだ。

ガネーシャは、頭はゾウで、手が四本あるものや六本あるものもあり、なぜかネズミがいつもいっしょだ。弟のルーキーがガネーシャについての本をくれたので、もっと調べてみなければと思っている。

それに、今借りている家の庭に、何か大きな置物がひとつ欲しいと、ずっと思っていたんだ。ところが、骨とう品屋をのぞいてみると、大きな仏頭やガネーシャは、たいてい千ドル以上もするので、なかなか手が出ない。そこで、この彫刻のクラスで作れば、一石二鳥だと思ったわけだ。

ほかの子は、みんなスヌーピーとかネコとかかわいいものを三十センチぐらいに拡大するだけだという。私は、一メートルぐらいのものを作りたいと先生に言ったら、最初からそんな大きな物はむりじゃないかと、アドバイスされてしまった。でも、私はいったん決めると、何がなんでもやりたくなる性格で、大きなガネーシャじゃなかったら作りたくないとお願いして、とうとうやらせてもらえることになった。

ところが、途中《とちゅう》で、やっぱりこれは大仕事なのだとわかり、後悔《こうかい》するはめになってしまった。

まず、型を作る前の「土台」を置く台づくりから困ってしまった。上がとても重くなるので、移動しやすいように台の下に車輪をつけた。中心には、像の高さとなるパイプを立てなければならない。これにはコーディがトイレ用の太いパイプをドリルでつけてくれた。

このトイレパイプつきの台を学校にかついで持っていったときは、目立ってちょっと恥《は》ずかしかったよ。

このパイプに、彫刻用ワイヤをグルグルと巻きつけて、手の部分などの形を立体的に作る。そして、ぬらした新聞紙をワイヤの中につっこんでボリュームを出し、像の骨組みとなる「土台」が完成した。

このあと、この上に粘土《ねんど》をつけていく。なんといっても巨大なので、私の体重よりも重い四十五キロもの粘土が必要になってしまうとわかったときは、さすがに驚《おどろ》いた。なにより、その量の粘土を用意するのがたいへんだ。

こんなときには、私のタトゥーが力を発揮してくれる。大学内の美術材料店「アートエトセトラ」では、毎週火曜日は「タトゥーチューズデー（Tattoo Toosday）」というセールの日だ。タトゥーをしている学生にだけ、全品二割引にしてくれる、ものすごいセールなんだ。「タトゥー（Tatoo）」と「チューズデー（Toosday = Tuesday）」と、韻《いん》を踏《ふ》んでいるところが、なかなかやるなと思う。

私の腰《こし》のちょうどベルトでかくれるくらいのところに、私がデザインした小さな蝶《ちょう》のタトゥーがある。高校卒業の記念にジェイミー、ジェニーたちといっしょに入れたんだ。当時は父や母にものすごく怒《おこ》られた。でも今は、毎週火曜日にチラッとキャッシャーの人に見せて大活躍《だいかつやく》だ。まあ、美術専攻《せんこう》の人は、ほぼ全員と言ってもいいほど、どこかにタトゥーがあるんだけどね。

なんとか粘土をつけ終わると、今度はコツコツと細かい部分を削《けず》りだしていく。実際にできあがる像に近づけていくんだ。これが最後の仕上がりを左右すると思うと、気が抜《ぬ》けなくてたいへんだけど、本物の像のようになっていくのでわくわくする。授業時間だけではとても間に合わないので、アルバイトのあと、真夜中に大学へ行った。ほかの教室でも

ジャズを聞きながら絵を描《か》いている学生がいたので心強かったよ。

そうして、いよいよ型どりだ。プラスター（石こう）と水を混ぜてドロドロになったものを、粘土の像に投げつけて、細かい部分にまでプラスターが入りこむようにするんだ。だけど、バチャッとはねかえるのが、ものすごい。髪《かみ》の毛《け》はもちろん、目の中にも入ってしまう。私が制作用にしている黒のパンツとシャツは、もう真っ白だ。でも、こんなふうに体を使って何かを作るのって最高に楽しい。小学生のころ、雨上がりの校庭にできた水たまりで、放課後に水着になって、ひとりでドロドロになりながら泳ぎ、校長先生に「みちるちゃんらしいね」と言われたことが、ふとなつかしく思い出された。

さて、たっぷりと投げつけたおかげで、乾《かわ》いたプラスターは十センチもの厚い壁《かべ》になった。これで、中の粘土で作ったとおりに、像の型がとれているというわけだ。この壁を二つに割り、粘土を全部取り除いて、やっと「型」が完成したんだ。

この型の中に、ブロンズ（銅）でも流せたらすごいガネーシャになるんだけど、お金がかかりそうなので、今回はファイバーグラスというプラスチックに色をつけることにした。ブロンズっぽく見えるように茶色に塗《ぬ》ったら、なかなか立派なガネーシャができあがった。

完成したガネーシャは、家の庭に置いておいたら、だんだんコケが生えてきて、今ではとてもいい感じになったよ。がんばって作ったかいがあったと、とても満足している。

家中水浸しの大戦争！ブラッドとコーディは遊びの天才

五月の最終月曜日は「メモリアルデー」という休日で、週末から三連休になる。これは戦争で亡くなった人を追悼《ついとう》する記念日なんだけど、この連休ごろからアメリカ人は夏のはじまりを感じるようになり、外でバーベキューをしたり、海へ行く準備をしたりする。

ここサンディエゴでも、ようやく夏の太陽が輝《かがや》きはじめ、私の心もウキウキしだした。

ガレージからゴソゴソと、巨大《きょだい》なビニールプールを出している私を見て、ブラッドもガレージへ行って、大きな水鉄砲《みずでっぽう》を持ち出してきた。そして、リビングでリラックスしていたコーディをねらって、一発放ったことから大戦争が始まった。

ジェフは、急いで車を走らせて水風船を買いにいき、コーディは、同じような巨大水鉄砲を借りてきた。マイクは、流しでバケツに水を入れている。

みんな真剣《しんけん》にそれぞれの武器を手にし、水のかけ合いが派手に始まった。ブラッドはバケツを持ってこっそりと屋根に上り、ちょうど家から出てきたコーディの頭上めがけて水を浴びせかけた。うまくいったので、大喜びだ。

もう家の中はドロドロのビチョビチョ。最初は私も、おかしくって笑っちゃっていたけれど、だんだんすごくなるので、「掃除《そうじ》してよ」って叫《さけ》んだところ、どうせ最後はモップでふくんだから水があったほうがいいよ、なんて変な言い訳をして、なんとこの戦争は四時間も続いたんだ。途中《とちゅう》で来た郵便屋さんは、ずぶぬれのみんなを見て「いったいどうしたの」とものすごく驚《おどろ》いていた。屋根にいたブラッドは、エビのように真っ赤に日焼けしてしまった。

ブラッドは二十六歳《さい》だし、コーディは二十四歳、ジェフやマイクは二十三歳。みんないい年をしているのに、子どもにかえったように夢中で遊んでいて楽しそうだった。

やっとみんな静かになったと思ったら、今度はブラッドとコーディの二人が、庭で、ビールびんのキャップを指ではじいて遊びはじめた。

広い庭のあちこちに植木鉢《うえきばち》などのガラクタを置き、それぞれに番号をつけて、回る順番を決めておく。そして、庭の隅《すみ》にある高台からスタートして、交互《こうご》に自分のキャップをはじきながら順番にガラクタを回っていく。十メートルぐらい下にあるゴールの植木鉢の中に、先にキャップが入るのを競う、というゲームだ。これには、自分たちで「フィンガーゴルフ」と名前をつけていた。まったく、二人は遊びを発明する名人だ。

途中で遊びにきた日本人のケンプー（ケンジ）とジェッツ（マサ）がうらやましそうに見ていたけれど、けっきょく自分たちもやりたくなって、キャップをはじく練習を少しし

てから仲間に入れてもらい、大はしゃぎをしていた。

本物のゴルフだったらお金もかかるけど、これに必要なのはキャップだけ。それで同じくらいのおもしろさが得られるのだったら、フィンガーゴルフもばかにはできないよね。子どものように素直に遊ぶ気持ちが大事なんだ。

ブラッドとコーディは、二人ともあまり豊かでない子ども時代を送ったので、おもちゃなんてなくても楽しく遊べる才能がある。そういえば、コーディは庭にブランコをぶら下げて、木から木へと飛び移る遊びを考えたこともあったたっけ。

こういう能力って、学校でいい成績をとるのと同じくらい大事なことかもしれない。人生楽しめなかったらつまんないもんね。

私の父も、私が小さいころ「矢印ゲーム」というのを考え出して、よくやってくれた。父がチョークでつけた矢印をたどりながら、かくしてあるお菓子《かし》を探し出すという、簡単にできる遊びなんだけど、すごく楽しかったのを思い出した。

はじめてのオランダでアザラシ保護のボランティア

ナチュラリストである私の父は、ときどきテレビに出ることがある。私も十五歳《さい》ぐらいのころ、千葉の団地近くの田んぼの中に父と二人でつっ立って、久米宏《くめひろし》の「ニューステーション」で、中継《ちゅうけい》をしたことがあるんだ。

そのときのプロデューサーのIさんが、何年か前にアメリカにいる私に電話をしてきて、「ミッチー、今年の夏にオランダへ行って、テレビの仕事をしてみない？」と聞いたんだ。私は飛び上がりそうになるほど大喜びで「行きたい、行きたい」と叫《さけ》んでしまった。

今だから言うけど、そのときじつは、オランダという国がいったいどこにあるのかさえもわからなかったんだ。中近東の国かなとも思った。友達がどこへ行くのかと聞くので、英語風にイントネーションをつけて、「オウランダー」とか「オウランドアー」とか二十回ぐらい言ってみた。みんな変な顔をしていたけど、中でも勘《かん》のいいコーディが、「それってもしかして、ホーランド（Holland）のこと？」と言った。私も、そうだ、オランダってHollandに違《ちが》いないと思ったんだ。

それなら、地理の苦手な私にもすぐわかった。オランダはヨーロッパの国だってね。私は喜びが倍になった。はじめてヨーロッパに行けるからだ。さくらももこの『ももこの世界あっちこっちめぐり』という本に、オランダには安楽死という死ぬ権利があると書いてあったし、だれかがオランダは麻薬《まやく》に対しておおらかな政策をとっているとも言っていた。そんな自由な国に行けるのかと思うと、私は期待で胸がいっぱいになった。

幸い、この夢は実現することになった。私の仕事は、「ジャングルブック」という動物クイズ番組の中でレンジャー役となり、オランダにあるアザラシ保護センターで働くことだ。

このセンターは、北部のピュータービューレン（Pieterburen）という小さな、まるでおとぎ話に出てくるようなかわいい村にある。「さんびきのこぶた」のお話に出てくるような三角屋根の小さな家がチラホラあり、どの家の前にもきれいなハーブガーデンがあるのがとても印象的だった。

この村には郵便局がひとつ、レストランがひとつ、パブがひとつ、そして開店しているのは一日にたった三時間だけで、土・日は休みというふざけたスーパーがひとつだけあった。信じられないほどのんびりしていて、みんなおたがいに顔なじみなんだ。

そんな小さな村にあるアザラシ保護センターだけど、じつは世界でいちばん大きくて有名なのだそうだ。館長さんは、レニー・ハーツさんという五十歳ぐらいの元気のよいす

てきなおばさんで、真っ黒な髪《かみ》にひと筋、青のハイライトを入れていて、洋服のセンスも抜群《ばつぐん》。ニコニコ顔で、歌ったり、踊《おど》ったりしている楽しい人だ。彼女《かのじょ》の家には、牛、馬、ブタ、ニワトリなど生き物がたくさんいる。ローザという赤と黒のパッチがある牛は、とてもかわいかったよ。

　彼女がこの仕事を始めたきっかけは、三十年ほど前に、迷子になった一頭のアザラシの赤ちゃんを面倒《めんどう》みたことからなのだそうだ。彼女がうまく海に帰せたことを知り、アザラシの赤ちゃんが次から次へと持ちこまれ、ついにここが世界一の保護センターとなってしまったというわけだ。

私はそこに一週間住みこんで、白のマスクに帽子《ぼうし》、長靴《ながぐつ》という姿になり、エサづくりやプールの掃除《そうじ》、洗濯《せんたく》などをした。世界中から集まった十五人ぐらいのボランティアもいっしょだ。中でもギリシャから来たディミトリオスとはとても仲良くなった。

アメリカから来ていた体の大きな男の子は、なまけてばかりだし、ブロンドの女の子は、自分がいかにきれいかという話ばかりしていた。半分アメリカ人である私は、なぜか恥《は》ずかしい気持ちになり、イメージばん回のためにも二倍働いてしまった。

ところで、ここ北欧《ほくおう》のワッデン海（Wadden sea）には毎年出産のために約千七百頭のアザラシが集まってくる。しかし最近は川から流れこむ生活排水《はいすい》や工業廃水《はいすい》で海が汚染《おせん》されてしまい、エサが減って、お母さんのおっぱいの出が悪くなった。そこで母親アザラシは、子どもを海岸に残して、魚の多い沖《おき》までエサを探しにいくのだけれど、その間に子アザラシが迷子になってしまうことがよくあるのだ。人間の都合のせいだと思うと、ほんとうに残念だ。

このセンターでは、そんな迷子や病気のアザラシを保護し、育ててから海に帰すことにしている。生まれて二日ぐらいのアザラシの体重は、ほんとうは十キロくらいなくてはいけないのだけど、ここに来るときは、やせて七キロぐらいしかない。クルクルした目がすごく愛らしい。チュッチュッとおっぱいを探してるのが、とてもかわいそうだ。

エサづくりは朝六時に起きて、冷凍《れいとう》ニシンをミキサーでミンチにし、栄養剤《えいようざい》を入れて特製ミルクを作る。体中がものすごく魚くさくなる。洋服も、髪の毛も、タオルまで、どんなにシャワーをしてもにおってしまう。けれど、不思議なことに三日目には、ぜんぜんにおいが気にならなくなる。慣れてしまうのだ。

このエサをチューブに入れて、赤ちゃんの食道に流しこむ。なかなか難しそうだったけれど、これもなんとかできるようになった。

三か月もたつと、もう体重が四十五キロぐらいになり、海に帰すことができる。私も船に乗ってそのリリースの瞬間《しゅんかん》を体験した。このときは、五頭のアザラシだった。それぞれの箱には、これまでにリリースされたアザラシの名前がびっしりと書いてある。今までに約二千頭ものアザラシが海に帰っていったそうだ。すごい数だ。

みんなでいっしょに箱のフタを開けた。アザラシたちが喜んで海に向かっていく。そして海に入る瞬間、レニーさんのいるほうを振《ふ》り返《かえ》って見た。まるで、ありがとう、さようなら、とでも言っているようで、感動してしまった。レニーさんは、この野生に帰るアザラシを見る瞬間がいちばんうれしいと言っていた。

私は、テレビの撮影《さつえい》はあまり得意ではなかったけれど、こんなすごい経験ができてラッキーだと思う。レニーさんにも、もっとずっといてほしいと、喜んでもらえたしね。

この仕事のあと、スイス人の友達デイビッドがアムステルダムまで来てくれて、オランダが誇《ほこ》るゴッホの美術館へ二回見にいった。有名なひまわりの絵はひとつだけなのかと思っていた私は、同じようなひまわりが何枚もあるのを見て、びっくりした。それにしても、本物の色のあざやかさは素晴らしく、しっかりと目に焼きついた。

サンディエゴに戻《もど》ってから、近くの海岸にアザラシの赤ちゃんが一頭いるのを見かけた。気になって、公園のレンジャーに電話をしたら、そういうことはよくあるけれど、もうサンディエゴのシーワールドでは預かれないし、保護センターもここにはないんだと言われた。かわいそうだけれど、私にはどうしてあげることもできなかった。

一石〝四〟鳥のリサイクルショップに夢中

リサイクルの店（thrift shop）に対する私の情熱は、高校時代から続いていて、このごろは、もっと強くなっている気がする。ちょっとヒマができると、何かいい物が入っていないかなと、すぐにでも行きたい衝動《しょうどう》にかられてしまう。車で走っていても、「thrift」という文字が目に入ると、必ずチェックしないと気がすまない。友達からは、ミッチーは中古の中毒にかかっている、とまで言われているほどだ。

思えば、昔から、私の家族は粗大《そだい》ゴミの日になると、だれかが何かを拾ってきていた。あのころ家には、すごいものがゴロゴロしていた。私が今でも愛用しているスーツケースもそのひとつだ。ステッカーをはったり、イラストを描《か》いたりして、私流にアレンジをしたら、なかなかいい感じになった。

アメリカでは、自分がいらなくなった物は、ガレージセールで売るか、中古品を売る慈《じ》善団体《ぜんだんたい》に寄付するのがふつうで、捨てることはあまりしない。「グッドウィル（Goodwill）」、「サルベーションアーミー（Salvation Army：救世軍）」、「アムベット（AMVETS）」などの大きな慈善団体は、アメリカ人ならだれでも知っているほど有名だ。

以前の私は、こういうところでは安く物が買えてラッキー、くらいにしか考えていなかった。けれど今は、中古品を持ってきた人も、それを買う人も、そのお金で助けられる人も、そして国も、みんなが得をするこのシステムのよさに気がついて、ますます気に入っている。一石二鳥どころか三鳥も四鳥もあるからだ。

たとえば、もう着ない服とか、クリスマスにおばさんたちからもらったけれど、もういらない物とかをお店に持っていくとする。すると、そこではお金ではなくて寄付をしたというレシートがもらえるんだ。大きな家具、電化製品、小さな雑貨でも電話をすれば取りにきてくれるし、高速道路の乗り降りをするような目立つところに、集積場所があったりするよ。

レシートに、自分の寄付したものがいくらくらいの価値なのか書いておいて、税金の申告のときにそのレシートを出せば、その分お金が戻《もど》ってくるんだ。自己申告制ってところもすごいよね。友達のデイブは、去年百ドル以上も得をしたと言っていた。私も、今年はもう五回も寄付をしたので、レシートも五枚たまっている。これでアルバイトの給料から引かれてしまった税金が戻ってくると思うと、楽しみだ。

リサイクルの店で買い物をする人もまた得をする。お客さんは貧《まず》しい人が多いから、生活必需品《ひつじゅひん》が安く買えて助かるんだ。十ドルもあれば、たくさんの物が手に入るからね。たとえば、シャツは二ドル、靴《くつ》は三ドル、コートなら七ドルくらいで買える。売上金は、退《たい》役《えき》軍人や負傷軍人、ホームレスの人、暴力を受けた女の人などのための食事や、施設《しせつ》の費用に使われる。

国は、税金を少し返さなければならないけれど、大きな家具や衣類などが大量にリサイクルされるわけだから、ゴミを処理するよりもずっと得になる。ゴミを燃やして出る公害のことを考えれば、地球にもやさしいことになる。

AMVETSで
見つけた1960年代
のビンと水筒

だから、このリサイクルのシステム、よくできているなあ、と私は感心しているんだ。

今、私が持っている八割以上の服は古着だし、最近は変わったインテリアやめずらしい食器、家具なども探すようになっている。たとえば、七十年代風のオレンジと青のラブソファに、本棚《ほんだな》もつけて、二十ドルにまけてもらって買えたときは、うれしかったよ。

　ほかにも、美術のクラスの課題で使う材料も、こういうところでけっこう見つかるんだ。たとえば、日本だったら粗大ゴミとして出されていても、絶対にだれも持っていかないような、壊《こわ》れたテレビを二ドルで買い、中身を全部取り出して、その中に友人ネイトの部屋を忠実に再現したことがある。床に落ちているゴミ、壁《かべ》のポスター、彼《かれ》のドラムなどをミニチュアで作った。そのテレビを彼の部屋の入り口に置いておくと、本物の部屋が画面に映っていると思ってしまうくらい、うまくできたんだ。

　この間は、四角い小さな鏡がたくさんついたブレスレットを見つけた。壊れていたのでバラバラにしてから作り直して友達にプレゼントしたら、とても喜んでくれたよ。

　捨ててしまえばただのゴミだけれど、リサイクルすれば、思いがけないものが役に立つのもおもしろい。私は、これからもリサイクルのお店を利用していこうと思っている。

二学期が始まって
また忙しい毎日がやってきた

先週から二学期が始まり、また学校とバイトの忙《いそが》しい毎日となっている。私がとりたいと思っていた美術のクラスはみんな定員いっぱいで入れなかった。こういうときは、「クラッシュ（crash）」といって最初の授業の日に、先生に直接お願いする手を使う。たいてい二、三人は登録しておいても来ないし、途中《とちゅう》でやめる人もいるので、先生は入れてくれることが多いのだ。

私は中級の油絵と彫刻《ちょうこく》のクラスにクラッシュして、なんとか入ることができた。油絵クラスの学生の半分は、すでにプロの画家としてやっている、中、高年齢《ねんれい》の人で、みんな筆を三十本ぐらい持っている。最初から一メートル四方ぐらいの大きなキャンバスに静物画を描《えが》かせられた。授業時間内では、とても描き上げられなかったので、日曜の午後にも学校に行って仕上げをした。

ちょうどこの日は、アメリカ全国民が燃える、年に一度のスーパー・ボウル（アメリカンフットボールの決勝戦）の日で、しかも地元サンディエゴのスタジアムで開かれていた

ので、試合を見ていない人は変わり者だったかもしれない。この試合の真っただ中に、私は警備のおじさんに電話をして美術室のある建物を開けてもらったんだけど、おじさんはものすごくイライラしていた。むりもない。

彫刻のクラスは、金曜日の朝九時から三時までという丸一日がかりのクラスだ。ブロンドの髪《かみ》をしたリチャード・キーリーという先生は、三十五歳《さい》ぐらいのフワフワっとした感じがするやさしそうな人だ。この先生の名前は、以前から何度も耳にしていた。ほかの先生も彼《かれ》の美術に関する知識を信頼《しんらい》しているのがわかったし、学生の間での評判も最高だった。

キーリー先生は、机の上に座って話をするんだけど、そのときも引き出しから何か出したり、紙にいたずら書きをしたりしてニコニコしているおもしろい先生だ。あるときは、新顔の口うるさい警備のおじさんの話が出て、クラス一同盛り上がっておかしかった。

今学期中に大きな作品を四つと、小さなものを三つ作るのだけれど、どれも締《し》め切《き》り日というものがなく、自分で完成したと思ったときに、そのつど先生に採点してもらえばよいのだという。これはいいシステムだと思った。ときどき、インスピレーションがまったくわかないときがあるものね。

授業中には、必ず自分の作品のプレゼンテーションをする。その作品を作ろうと思ったきっかけやアイデア、材料は何を使っていて、どんな工夫をしたか、そして自分で気に入っているところなどを説明する。これをすると自分の作品のことを自分でもよく理解できるし、人に説明をすることで自信もつくよ。

この彫刻クラスは、友達のセルジオもいっしょだ。セルジオはもう自分の絵を売って、画家の道を歩みだしている。この間の土曜日には、彼の展覧会がリトルイタリーというイタリア系の地域であった。三人の友達とやる展覧会で、夜に閉店後の美容院を借りて、壁《かべ》に絵を飾《かざ》ったんだ。ほとんどの絵には、新人の相場といわれる五百ドルで値段がつけられていた。

彼の絵はなんといってもユニークだ。古道具屋で見つけたという本物の古い絵の上に、コミカルなキャラクターを描《か》き足してあるんだ。七・三に分けたおじさんが、まじめに読書をしている婦人の上からジロっと見ている、というようにね。私も、今度まねしてやってみたいと思っている。

ちなみに、セルジオのガールフレンドはメキシコ人で、名前は私と同じMichi（ミチ）というのには、びっくりした。

そのほかに私が今とっているクラスは、美術史と英語のリーダーだ。美術史は朝八時からで、暖房《だんぼう》のきいた暗い部屋でスライドを見るので、かなりきつい。睡魔《すいま》と戦う朝となり、ときどきボタッとノートが床《ゆか》に落ちる音で、ハッと目が覚めている。二百人もいるので、あまり目立たないのが幸いだ。先生は若い女の人で、バリバリと盛りだくさんの内容だ。なんとか落とさないように、がんばってついていかなければ。

リーダーのクラスの課題は世界文学で、今学期中に十冊は読む。十日に一冊のペースでこなさなければならないので、どこに行くときも、本を持っている私となりそうだ。苦手な英語なので、平均の成績であるBをめざしたい。

Part 2 友達と私のスローな毎日

大好きな仲間たちと。後列左からK·フィリップ、シェーン、B·フィリップ、コーディ、私、
前列左からデイビッド、ツィー、そしてクマ。

個性的な仲間たちとの暮らしは、
つぎつぎとおもしろいことが起きて、考えさせられることも多い。
私も、自然や環境《かんきょう》にやさしい生活をしたいと思うこのごろだ。

お肉大好きの私が菜食主義者になっちゃった

アメリカに来て何年か生活するうちに、だんだん太ってしまう日本人が多い。いちばん大きな原因はたぶん、車の生活で歩かなくなることと、食べ物が違《ちが》うことだと思う。たとえば、日本だったらLサイズの飲み物も、こちらではSサイズだ。日本ではメインのおかずとしての量があっても、アメリカではちょっとした前菜くらいにしか感じられない。逆に、日本では付け合わせにひと口だけ出るようなメニューも、こちらではドーンとたっぷりお皿にのって出てくる。

私はどちらかというとお肉大好き人間で、トンカツ、ベーコン、チキン、ステーキサンド、ミートローフなどをバンバン食べるほうだった。ところが、ここ半年というもの肉からは遠ざかった生活をするようになり、まわりから驚《おどろ》かれている。

きっかけは大学二年の春、「アースデー」という地球環境保護《かんきょうほご》のためのフェスティバルに友達と行ったことだった。サンディエゴのバルボア公園で開かれたフェスティバルにはたくさんのブースが出ていて、バンドの演奏も入り、ものすごい数の人でいっぱいだった。

風力発電、電気自動車、自然破壊《はかい》やチベット問題などを訴《うった》えるブースをのぞいたあと、私たちは少し芝生《しばふ》で休むことにした。もらったパンフレットに目を通しているうちに、肉中心の食生活の話にみんなで盛り上がった。そこには、肉を中心とした食事がいかに人間にとっても、動物にとってもよくないかということが書いてあった。仲間のだれもそのことにまったく気づいていなかったから、みんなとてもショックだったんだ。

たとえば、肉ばかり食べていると、血管がつまって心臓発作の原因にもなるという。また、五十年ほど前までは、牧場は家族経営が中心で、一家で協力して家畜《かちく》を育てていた。ところが今や牧畜場《ぼくちくじょう》は完全に工場化されていて、生まれてから死ぬまで動物はつながれたままで、ホルモン剤《ざい》などを与《あた》えられて成長を速められているのだと書いてあった。パンフレットにはその様子の写真ものっていて、もう肉を食べる気がしなくなってしまったのだ。

以前、政治経済の授業で聞いたのだけれど、今、地球の人口増加がものすごく深刻な状況《じょうきょう》なのだそうだ。昔は、人口は少しずつ増えていただけなのに、近年は急激に増えている。この調子だと、地球上の食糧《しょくりょう》がそのうち底をついてしまう。穀物を牛に食べさせてその肉を食べるより、穀物をそのまま食べるほうが、ずっと大勢の人々の食糧になるのだそうだ。だから今、私たちの世代が食生活を変えないと、人類の終わりが近づいてしまう、というわけだ。

その点、日本食は山、海、川、田畑のものをバランスよく取り入れていて、世界でいちばんの健康食だと聞いて、そのよさを見直した。アメリカでも「tofu」つまり豆腐《とうふ》は、だれでも知っているほど有名な食品なんだよ。最近、豆腐をステーキにしたり、メキシコ料理のブリトーの中に入れたりして、肉がわりに使いはじめている。日本にいると価値のわからないことって多いよね。

そういえば、前に私がオランダのアザラシ保護センターでボランティアをしていたとき、ヨーロッパから来ていたボランティアの仲間たちは、みんな菜食主義者だったことを思い出すよ。アメリカでは、小さいころから牛肉を食べるのをあたりまえのこととして育っているから、菜食主義の人が少ないのかなあ。

ところで、この日のフェスティバルでひとつ新しい言葉を知った。それは「ビーガン（Vegan）」という、極端《きょくたん》な菜食主義の人たちのことを表す言葉だ。菜食主義の人のことはふつう「ベジタリアン（Vegetarian）」といって、チーズや卵は食べるという人が多いのに対して、ビーガンは、こういう動物性の食品もいっさい口にしないのだそうだ。衣類などの生活必需品《ひつじゅひん》からも動物性のものを排除《はいじょ》しているらしい。この人たちは、ふつうのケーキやクッキーも食べないから、なんでも自分で材料を買ってきて料理するより方法はない。これはかなりきついことだと思う。

サンディエゴでは、オーシャンビーチにある「ピープルズコープ」という店がオーガニックの食品を扱《あつか》っていることを知り、私は週に一度はそこに行くようになった。

オーガニック野菜が一番!

年間十五ドルの会費を払《はら》うと、五人分の会員カードを作れる。建物には草や花の絵がたくさん描《えが》かれていて、雰囲気《ふんいき》も自然派という感じだ。働いてるのはヒゲをはやしたヒッピー風のやさしい人。野菜も元気そうに見える。冷凍《れいとう》の有機食品も多いので便利だ。「ベガニーズ」という卵を使ってないマヨネーズや、シイタケとマッシュルームだけのハンバーガー、自然素材でつくったハミガキや洗剤《せんざい》も置いてある。お店のキッチンでスープやサンドイッチを注文して、その場でランチを食べることもできる。

　オーガニックの食品は、値段は一〇〜二〇パーセントぐらい高いけれど、おいしいし、将来病気になるよりいいと思う。それに、ムダにしないで大切に食べるようになったのはいいことだ。

肉を食べなくても、かわりのものはけっこうあるものだ。でも、私はビーガンのように厳《きび》しい制限はしないで、これまでと同じように気楽な気持ちのベジタリアンでありたいと思う。だから、感謝祭などで家族が集まったら、七面鳥を少し食べたりもすると思うよ。

カリフォルニアでお酒が飲めるのは二十一歳になってから

アメリカは州によってお酒を飲める年齢《ねんれい》が決まっている。ほとんどの州と同じように、カリフォルニアは二十一歳《さい》からだ。

こっちにはタバコやお酒の自動販売機《はんばいき》はないので、そう簡単にはお酒が飲めないようになっている。スーパーでタバコやお酒を買うときや、レストランやバーでお酒をオーダーするとき、若く見える人には必ず写真つきのＩＤ（身分証明書）を見せてくれと、ウエイトレスやバーテンダーが聞くよ。

こんなときは、ほとんどの人が運転免許証《めんきょしょう》をＩＤとして使っている。ＩＤは、タバコやお酒を買うときだけでなく、飛行機に乗るときや小切手で支払《しはら》いをするときなど、いろいろなときに必要な、アメリカでの生活ではなくてはならないものなんだ。運転免許のない人は、州の運輸局（DMV＝Department of Motor Vehicles）で「State ID Card」というものを発行してもらえばいい。もちろん、パスポートなどもＩＤになる。

お店が暗いバーだったりすると、入り口で懐中電灯をつけて、ＩＤカードに書いてある身長や体重、写真の目や髪《かみ》の色などを、実物とジロジロと見比べられたりする。なんでこんなに厳《きび》しいのかというと、もし二十一歳未満の人にお酒を出してしまうと、オーナーだけでなく対応した店員も二千ドルの罰金《ばっきん》を払わなければならないからだ。

おすし屋さんで働く私も、三十歳以下に見える人には必ずＩＤチェックをするようにしている。お客さんも、自分がそんなに若く見えたかなと思って、たいてい喜んでカードを見せてくれるからおかしいよね。ただ、ニセモノのＩＤも出回っているから注意しないといけない。

サンディエゴから車で三十分のところにあるメキシコ側の国境の町、ティファナ（Tijuana）に行けば、二十一歳未満でもお酒が飲める。メキシコの法律では、十八歳から飲酒が認められているからだ。そこへ行ってお酒を飲み、車に乗って帰ってくる途中《とちゅう》で事故にあう、という話がよくあって問題になっている。

ギャンブル（かけ事）ができるのも二十一歳からだ。私の友達には、ラスベガスで派手に二十一歳のバースデーパーティーをする子も多いよ。私が二十一歳になった日には、近所のアイリッシュパブで、この特別な誕生日を祝った。私の父の祖先は、ビールが大好きで有名なアイルランドの国からやってきたから、私にはアイルランド民族の血が混じっている。私の顔にそばかすがいっぱいあるのはその証拠《しょうこ》だ?!

そのパブでは、「おめでとう！」と言って、アイリッシュビールをおごってくれたり、

店名が入った超《ちょう》ダボダボのTシャツをプレゼントしてくれたりして、心に残るいい記念日となった。

でも、なんといっても二十一歳になっていちばんうれしかったことは、ライブコンサートに行けるようになったことだ。たいていのコンサート会場ではビールが売られているため、二十一歳以下の入場が許されていない。ただ音楽を聴《き》きたいだけでも入れてくれないので、私は何回もくやしい思いをしてきたからね。

今、私が友達とバーに行くのは一か月に一度くらいの割合かな。バーというと、日本では、スーツ姿のおじさんがホステスさんといっしょにお酒を飲むところも多いけど、アメリカにはそういうのはない。たいていビリヤードテーブルがあって、男の子や女の子がビールなどを飲みながらワイワイと楽しく遊んで過ごすところだ。もちろん、ダウンタウンのほうへ行くと服装も決められているような、おしゃれなバーもあるよ。

それから、天井《てんじょう》からテレビがいっぱいぶら下がっている、スポーツバーというのがある。フットボールや野球の試合を見ながらお酒を飲んで、男の人たちが大騒《おおさわ》ぎをしているのだけど、ときには酔《よ》っぱらってエキサイトしすぎ、けんかも多い。

アメリカでは、お酒を飲みにいくときにひとつとても大事なことがある。それは、「designated driver（指名運転手）」、つまりだれが車の運転をするのか決めてから行くことなんだ。アメリカでは、よほど都会でなければ車で飲みにいって、車で帰ってくることになる。だから、指名運転手に選ばれたら、残念だけどその人はお酒は最小限度にするか、まったく口にしてはいけないのだ。みんなを安全に連れて帰らなければならないからね。

私たちの間では、この役はいつも交代制にしている。飲酒運転（drink&drive）で捕《つか》まると、罰金だけでなく、免許を取り消されることもある。私の友達では、メーガンがビールを二杯《はい》飲んだあと、車を運転していて捕まり、ひと晩ろう屋に入れられたことがある。その後半年間、週に二回ＤＵＩ（Driving Under the Influence＝飲酒運転）のクラスに通わなくてはいけなくなった、と泣いていた。

メーガンはビールが大好きだし、かわいそうだけれど、もしかしたら事故にあっていたかもしれないと思うと、これでよかったのだろう。飲酒運転はぜったいにしてはならないと、私は強く思っている。

ハンディキャップをもつ人たちのかっこいいサーフィンコンテスト

土曜日の朝、オーシャンビーチのニューポートアベニューという大通りに面したレストランで朝ごはんを食べていたときのことだ。ふと外を見ると、道を歩く人の中に車いすの人、松葉づえの人、手がない人などのハンディキャップをもった人がたくさんまじっているのに気がついた。そういえば、私のとなりにいるかっこいい若い男の子も、カラフルなスポーツタイプ型車いすに乗っている。

「今日は何かあるの?」と彼《かれ》に聞くと、ここオーシャンビーチのピア(桟橋《さんばし》)近くで、ハンディキャップをもつ人たちのサーフィンコンテストが開かれるのだという。

サーフィンといえば、バイト先のすしシェフたちも全員サーフィンをしていると聞いて興味をもち、私も最近になって挑戦《ちょうせん》しはじめたスポーツだ。日本人の友達で、千葉県東地区代表に輝《かがや》いたこともあるジェッツ(本名マサト)に教えてもらっている。

もしかすると、サーフィンはスノーボードよりもおもしろいかもしれない。くり返しやってくる波はみんな違《ちが》うから、それに合わせて体を動かすところがすごくいいのだ。まるで、地球の呼吸を感じとっているような気持ちになる。ときには、驚《おどろ》くような大きな波もきたりして、これまたスリル満点だ。

カリフォルニアの海辺近くに十年以上もいながら、今までサーフィンをしなかったのは、かなりの不覚だったと言わざるをえない。ビーチでゴロゴロしながら、ずいぶんとムダな時間を過ごしてしまったものだ。

ところで、この朝さっそく海辺に行ってみると、もう二百人ぐらいの人が集まっていた。バンドも来ていて、音楽が流れ、いい雰囲気《ふんいき》となっている。海のほうでは、参加者たちが横になった状態《じょうたい》でサーフをしているのがわかった。ボランティアの人が二、三人でサーフボードを押《お》し上《あ》げ、波のくるのを待つ。波がきたところで、ハンディキャッパーは手だけでターンをし、うまく波に乗っている。失敗をして、ボードごとひっくり返ったときは、すぐにボランティアの人が助けにいく。ハンディキャップをもつ人がアップアップしているのを見て、私はひやひやしてしまったけれど、みんな慣れた様子で落ち着いて対応していた。

そういえば、冬にスノーボードに行ったときにも、ハンディキャップをもつ人たちがスキー場で楽しんでいるのを見た。ボランティアの人が後ろからロープでひっぱりながら、ソリのようなものに乗った同じような年代の若い人を支えていた。おたがいに笑い合ったりして、とてもいい雰囲気だったのが印象に残っている。

ハンディをもっていても、あらゆるスポーツに挑戦しているのはすごいことだ。そして彼らを支えるボランティアの人たちがいるのは、見ていてもっとうれしい気持ちになる。

このサーフィン大会のすべての収益（記念Tシャツの売り上げや大会参加費）や、この大会開催《かいさい》のために集めた企業《きぎょう》からの寄付金などは、せき髄《ずい》の研究のために使われるということだ。アメリカでは企業が寄付をすると、その分税金を払《はら》わなくてもいいというシステムがある。企業にとってもイメージはアップするし、メリットもあるというわけだ。

「ハンディキャップ」という言葉も、アメリカでは精神や肉体の障害だけでなく、あらゆる障害や不利な立場のことをいうごく一般的《いっぱんてき》なものだ。たとえば、英語が母語ではない人、つまり私のような人間は、言葉の「ハンディキャップ」をもっているために、州立大学への入学が一般の白人と比べて有利になったりする。日本の「障害者」っていう言葉と比べると、ずっと気持ちがラクだよね。

サーフィン大会が行われている海辺で、バンドの音楽を聴《き》いている人の中に、赤い髪《かみ》でマフラーをした女の子が目にとまった。彼女《かのじょ》がしている虹色《にじいろ》の手編みのマフラーがなんてかわいいのだろうと思って見ていてハッとした。半ズボンからニョキニョキと出ているのは、一本の鉄の足だったからだ。かくさずに出しているところがいい。近くで遊んでいる子どもたちも、この女の子やほかのハンディをもった人たちと、すごく自然に接している。そんな様子を見ながら、とても大事なことに気づかされたような気がした。

ベアとレイチェルはとてもすてきなヒッピーカップル

あと数日で感謝祭（十一月の第四木曜日）だ。そして同居人のネイトと、ヒッピーのカップルともいよいよ別れのときがきてしまう。ネイトとは、彼《かれ》の弟がまだ私と同じSDSU（サンディエゴ州立大学）にいるので、また会えると思うけれど、風の吹《ふ》くままにあちらこちらで働いているヒッピーカップルとは長い別れになる気がする。

ヒッピーカップルと最初に会ったのは、夏の終わりごろ、ネイトが私たちに紹介《しょうかい》したいといって、家に連れてきたときだ。私は会った瞬間《しゅんかん》に、ものすごいインパクトを感じた。彼らは誠実さにあふれていたからだ。

女の人はレイチェルといって、私と同じ二十二歳《さい》だった。背が高くやせていて、長いブロンドの髪《かみ》がきれいで、お化粧《けしょう》はまったくしていない。とてもやさしい感じがした。

男の人はベアという名で、三十四歳になるそうだ。顔中ヒゲだらけで、頭の真上にサムライのようなマゲを結っているのが、ふざけているようにも見えた。

二人とも、人の話を興味をもって真剣《しんけん》に聞く姿がすごく新鮮《しんせん》に感じられた。そういう人たちとは、これまでに会ったことがなかったからだ。彼らはほんとうに大切なことはなんなのかを知っているように見えた。

ネイトが二人と知り合ったのは、オーシャンビーチで、レイチェルが作ったネックレスを買ったのがきっかけだ。二人は、南カリフォルニア沿岸《えんがん》に自生する、セージというハーブを採りにきていた。ところが、三日ぐらいのつもりが、車の故障でもう二か月もサンディエゴにいるという。

車での生活もたいへんそうなので、修理がすむまで私たちの住む一軒家《いっけんや》に来てもらうことにした。彼らがここにいた三か月の間に、私はとてもたくさんのことを教えてもらった。いちばん大きなことは、彼らの生き方を知ったことだ。私たちの生活って、あまりにも物質的になってきてしまったよね。すべてがお金で判断されるような社会で生きている私たちと比べると、彼らはまったく違《ちが》う考え方をしているんだ。食べるものから、身につけるものまですべて自然主義。のんびりと自然に生きている。これが本来、人間のあるべき姿なんじゃないかと思う。

すごく驚《おどろ》いたことに、レイチェルは、毛をそるということをしない。わきの下はもちろん足の毛もそのままだ。カミソリを使ったら、肌《はだ》を切ったりして危ないし、皮膚《ひふ》にとってもよくないという。

彼女《かのじょ》はコープ（生活協同組合）の軽食コーナーで働いていたというだけあって、料理も

KUMASAN

とても上手だ。新鮮な野菜、豆腐《とうふ》、魚などを安く買ってきて、いつもおいしいスープなどを手早く作ってくれた。

　レイチェルは昼間、たいていクラフトを作っている。ネックレスはヘンプ（麻《あさ》）を使ったものが中心で、結び目がとっても個性的。これまで見たことがない複雑なデザインでしゃれていた。彼女は私にその秘密の編み方を教えてくれた。

　ほかにも、のれんに使われていた太いビーズや、私たちが遊びで作ったガラスの残りをネックレスのセンターピースに利用するなど、アイデアもさえていた。絵を描《か》くのもうまかったし、紅葉した落ち葉を和紙にはってカードや封筒《ふうとう》を作ったりと、クラフト大好き人間の私とは本当に気が合った。

　ベアとは三年前に会ったそうだ。彼は同じようにヘンプのネックレスを作って売っていて、ヒッピー生活も十二年になると言っていた。以前はまじめな銀行員だったと聞いて驚いた。銀行員だった当時、毎日、同じことをくり返している自分がつくづくイヤになり、ほかにも別な人生があるのではないかと、突然《とつぜん》、旅に出たそうだ。銀行の上司は、いつでも戻《もど》ってきていいよと言ってくれたけど、ぜったいに戻らないと、かたく決心したそうだ。

　ベアとレイチェルは、ふだん靴《くつ》をはかずに、はだしで外を歩いている。そのせいか、先日ちょっとショックなことがあった。

　散歩から帰ってきたベアが、警察官といっしょだったのだ。いったいどうしたのか聞くと、ベアがここに滞在《たいざい》していることを信じてくれないのだという。あやしい人がこの静かな住宅地をうろついているのだと思われたのだろう。私はその警察官に、ベアは私たちの友人だと言った。すると彼はベアに向かって、「きみはあまりにも見苦しい（eyesore）よ」と言った。ベアは笑っていたけど、人に対して言うべき言葉じゃないと、私は悲しくなった。

ところで、二人が飼っている犬はすごい。マーリーという名前で、二十年間も生きているんだ。まるで仙人《せんにん》のような風格を漂《ただよ》わせて、いつもフラフラしながら歩いている。二十歳になる犬なんて、これまで聞いたこともないよ。ちょっとマナーの悪い私の犬のクマが遊びにきたときには、マーリーはすぐにほえて一喝《いっかつ》を入れ、クマもおそれ入っていた。二人は毎晩長い時間、マーリーにマッサージをしてあげている。それが長生きさせる秘けつなのかもしれない。

これから二人は、サンフランシスコのバークレーに行くという。そこはヒッピーのメッカとしても有名だ。クラフトを売るセンターもあるそうだ。

将来、ベアは銀製品のアクセサリーを作るのが夢で、レイチェルはアートスクールに行ってみたいと言っている。二人は、温泉のある土地も探しているそうだ。

のんびりと人生を楽しんで旅を続けるレイチェルとベア。忙《いそが》しすぎる毎日を送る私には、とてもうらやましく思えた。

さようなら料理の天才ネイト

同居人のネイトがカリフォルニア北部の大学院へ進学するため、ヒッピーカップルといっしょに家を出ていった。

彼《かれ》と知り合ったのは一年半前のことだ。高校時代からの友達、ジェイミーと大学近くのアパートの二階に引《ひ》っ越《こ》したとき、一階の住人はどんな人だろうと、ドアのガラス窓からのぞいてみた。部屋《へや》の中は、ビールびんやゴミでちらかっていて、すぐに住人は男の子たちだろうとわかった。大きなドラムがドーンと部屋の真ん中にあり、壁《かべ》には六〇年代のミュージシャン、ジミー・ヘンドリックスのポスターがはってあったりして、おもしろそうな人たちだ、と予想したんだ。

三日後には、その部屋の住人ジェフとネイトと話ができた。二人とも私たちと同じ大学に通う学生なのだとわかり、すぐに仲良しになった。

ジェフは小柄《こがら》でやさしい感じ。ネイトは大柄《おおがら》でがっしりとしたスポーツマンタイプだ。あとでわかったのだけれど、ネイトは体は大きいけれど気が弱く、ジェフは逆にしっかり者だ。ネイトの両親は教師をしているそうで、本人も高校で歴史を教えたいと言っている。ジェフのお父さんは会社重役でお金持ちらしい。彼は赤いスポーツカーを持っているんだ。でも、よく気がついてゴミ出しなどをやってくれる。

その後、私たち四人は一軒家《いっけんや》を見つけていっしょに住むようになり、もうすぐ一年になる。ジェイミーはロサンゼルスの大学に転校したので、かわりにスイス人のデイビッドが入った。そして、この六月、ネイトはめでたく大学を卒業した。ジェフも同期だったのだけれど、半年前に突然《とつぜん》両親が離婚《りこん》して、彼は見ていてもかわいそうなくらいにショックを受けた。そのためにしばらく学校を休んだので卒業が遅《おく》れてしまったのだ。

ネイトは卒業後、のんびりとした生活を送っていた。こげ茶色の髪《かみ》の毛《け》やヒゲものび放題。色黒なので一見中近東のテロリスト風だ。この間、ホテルに泊《と》まってる友達に会いにいったときには、呼び止められて身体チェックを受け、いやな思いをしたとぼやいていた。

ネイトはSDSUの学生だったときには、大学の日刊新聞「デイリーアズテック」のグラフィックデザイナーとしても活躍《かつやく》していた。いつも、いろいろなことに興味をもっていて、自分が発見したことを、すぐにみんなに話してくれた。ネイトのいいところだよね。たとえば、ハイキングをしたときに見つけたきれいな場所とか、ちょっと変わったインドのお店とか、みんなをそこに連れていきたがった。

食べ物に関しては、特別な才能の持ち主でもある。奇妙《きみょう》な料理でも、味見をすれば、何でできているのかだいたい見当がついちゃうんだ。見たことのないソースでもてきとうにヌードルに混ぜてアレンジして、おいしい料理を作ったりする。彼のお母さんが、クリスマスプレゼントにナベの五個セットを送ってくれて、大感激していた。

そんなネイトにもひとつ欠点がある。それは整理整頓《せいりせいとん》がまったくできないことだ。彼の部屋はいつも物でうまっていて、カーペットが何色なのか、だれにもわからないくらいだ。彼が料理したあとの台所は、まるで爆弾《ばくだん》が落ちたあとのようで、食器洗いは一週間に一回ぐらいしかしていないのに、いつも自分が洗っていると言い、私と何度もケンカをしたものだ。私もガンコだけれど、彼は私以上だ。私もきれい好きとはいえないが、台所に腐《くさ》ったものがあるなんて、我慢《がまん》できないよ。

そんなネイトがもう少し片づけに参加するようにと考えて、あるとき、家の仕事をだれがどのくらいやったかを記入するチェックシートを冷蔵庫にはったことがあった。庭はき、トイレや台所の掃除《そうじ》などをしたら、自分の名前と働いた時間を書きこむようにした。はじめは、みんな自分の名前を書き終えて充実感《じゅうじつかん》を味わっていたけれど、それも一週間ぐらいしか続かず、チェックシートは思ったよりも早くゴミ箱へ行く運命となった。効果はまったくなかったわけだ。

ネイトが出発する前の週末には、バーベキューパーティーをした。彼の友達が五十人も集まって別れを惜《お》しんだ。大きな存在感《そんざいかん》があったネイトがいなくなるとさびしくなる。私が好きだった、ジェフとのドラムのセッションがこれからは聞けないのだと思うと、ものすごく残念だ。

ほら穴探検に感動！チャンネルアイランドでキャンプ

ロサンゼルスからサンタバーバラまで行く途中《とちゅう》、海を見ると島がいくつか浮《う》かんでいるのがわかる。チャンネルアイランドという島々だ。いったいどんな島なんだろう、いつか探検をしてみたいと思っていたら、とうとう先週、キャンプに行くことができた。

いっしょに行ったのは、インターネットでこの島々の情報を見つけたスイス人のデイビッドと、「ぼくの誕生日はその島でむかえたい」と叫《さけ》んだコーディと、私の三人だ。弟のルーキーにも来てほしかったんだけど、大学入学の共通試験（ＳＡＴ）があって来られなかった。

このサンタバーバラ付近の島は、全部で四つある。国が数年前に全部の島を買い取って国立公園にし、キャンプも許可されるようになったばかりだから、古いガイドブックにはのっていない。ちょっとした穴場といえるかもしれない。

この島に行くために、まず「アイランドパッカーズ」というところに電話をして、そこまでの船の切符《きっぷ》を買った。三人分で四十五ドルだった。私たちは、キャンプ場とシーカヤックを借りる予約も入れた。季節ごとに人が入れる島も違《ちが》っていて、このときはいちばん大きなサンタクルーズ島だった。自然を守るためにそうしているのだろう。

金曜日の夜、アルバイトを終えたあと、真夜中にサンディエゴを出発し、三時に目的地の近くに到着《とうちゃく》。車の中で少し仮眠《かみん》をとって、早朝に船着き場へ向かった。そこでレンタル係のおじさんから、シーカヤックやライフジャケットなどを借りた。そのおじさんは親切に、どこの洞窟《どうくつ》がおもしろいとか危険だとかを、地図にマルで印をつけながら教えてくれた。秘密の宝探しの地図を手に入れてしまったような気分で、私はかなりウキウキしてきた。

船には、日帰り客も含《ふく》めて二十人ぐらいが乗った。八時に出発し、四十五分ぐらいいたったころ、霧《きり》の中から少しずつサンタクルーズ島が姿を現してきた。木は一本も生えていないようでゴツゴツとした岩に囲まれ、茶色っぽい草が生えている。海の水がすごく透《す》きとおっていてきれいだ。

船つき場には、国立公園のレンジャー（公園の管理、保護官）のダニーが待っていた。耳にピアスをした、私たちと同じくらいの年の男の子だ。ダニーの案内で島の中腹にあるキャンプ場へと向かった。二十分ぐらい歩いてやっと到着。売店なんてもちろんない。あるのは水場とくみ取り式トイレがひとつだけだ。夜はかなりさみしいかもしれない。

ダニーの話によると、島には、かつて人間が家畜《かちく》として飼っていたブタが野生化して増え、今ではなんと二万頭もいるのだという。だから、食料は必ず備《そな》えつけのアルミボッククスの中に入れておくように注意してくれた。さもないと、ブタがかぎつけて食べてしまうのだ。私はブタと聞いて、昔読んだ『蝿《はえ》の王《おう》(Lord of the Flies)』という本のことを思い出した。子どもたちがブタがいっぱいいる無人島で暮らす話だった。そういえば、私の父が「家畜のブタは一代で野生化する」と言っていたのも思い出した。

私たちは急いでテントをはり、カップヌードルでランチをすませると、さっそくシーカヤックを試してみようということになった。

コーディはひとり用に乗り、デイビッドと私は二人用に乗った。コーディが先を行き、安全を確かめる役になった。私は小さいころカヌーに乗ったことがあったので、すぐにこぎ方を思い出したが、デイビッドはへたくそだ。それにビデオカメラの撮影《さつえい》に夢中で、けっきょく、私が二人分こぐはめになってしまった。

その後、キャンプ場のまわりを少しハイキングすることにした。よく人が足をすべらして落ちるので気をつけるようにと、ダニーが教えてくれた急ながけを登りきって、平らな道を歩きだしたところで、巨大《きょだい》なフンを発見した。ブタのものにしては、大きすぎるようだ。私は小さいころに父と動物のフンを棒でつついて、どんなものを食べているのか調べたことがあるのを思い出し、そのフンもつついてみたが、草しか食べてないようだった。

しばらくして、地図に「小川」と書いてあるところに着くと、先を歩くコーディが「ウァー」と叫んだ。数匹《ひき》の子ブタが死んでいたのだ。一匹《ぴき》は白骨化し、一匹はひからびた状《じょう》

態《たい》、もう一匹はわずかながら息をしているようだった。
きっと水を飲みにきたのに、川が干上がっていて飲めなかったのだろう。今年は冬に雨がほとんど降らなかったので、水がまったくなくなってしまっているようだ。やっぱりこの島にブタがいるのは自然なことではないんだ。きっと人間が自分の都合でブタを連れてきて、自分の都合で置き去りにしたのだ。そう考えると、ブタたちがものすごくあわれに思えてきた。
そういえば、体重が百五十キロにもなるブタもいるとダニーが話していたから、あの巨大フンもやっぱりブタのものなのだろう。ハイキングコースだと思って歩いてきたこの道も、もしかすると「ブタの通り道」なのかもしれない。

夕方、みんなで草の上に寝《ね》ころんで、西に沈《しず》んでいく夕陽を見た。丘《おか》と丘の間に、真《ま》っ赤《か》に染まった雲が流れこむ様子がダイナミックで、中国かどこかの大陸にいるような気分を味わった。

キャンプ場に戻《もど》るころには、あたりはもう真っ暗だった。海には、船の明かりがチラチラと見えてきれいだ。ロサンゼルスの大金持ちが、船でパーティーでもしているのだろう。

二日目は、いよいよシーカヤックでのほら穴探検だ。洞窟の中は真っ暗で、ライトで照らしながら進んでいった。まるで、ディズニーのカリブの海賊《かいぞく》の船に乗っているような感じだ。天井《てんじょう》が低くて、頭が岩にぶつかりそうなところもあって、波がくるたびに、ちょっとヒヤッとした。遠くトンネルの出口からもれてくる、小さな光を頼《たよ》りにして通《とお》り抜《ぬ》けるのは楽しかった。

三十センチぐらいある、紫《むらさき》や青、オレンジの巨大ヒトデでいっぱいのほら穴や、ウニだらけで紫色のカーペット状態になっているほら穴など、驚異的《きょういてき》な自然がいっぱいだった。

気がつけば五、六時間もカヤックで探検をしていたようだ。キャンプ場に戻ると、レンジャーのダニーが、コーディの誕生日祝いにと、アイスクリームを持ってきてくれた。まともなものを食べていなかった私たちは大感激。ダニーともゆっくり話をすることができた。彼《かれ》はロサンゼルスの公園で働いていたが、二日酔《ふつかよ》いで遅刻《ちこく》ばかりしていたのでこの島に「流された」のだそうだ。最初は行きたくないと泣いていたけれど、いざ来てみるとこの島が大好きになり、今は週に一回、学校へ行くためにロスへ戻るのがいやになったと言っていた。

彼には地質学を勉強しているガールフレンドがいるそうだ。彼女《かのじょ》と二人だけで、公園のジープに乗ったりできるダニーの生活も悪くないなと、うらやましくなった。

ブタのことを聞いてみると、今はイーグル計画というのが進んでいて、ブタの数を減らしはじめていると教えてくれた。昔は、島にはヒツジもいた。しかし、ヒツジは木の根まで食べてしまうので、この島の生態系《せいたいけい》を守るためにまずヒツジを減らし、いまでは完全にいなくなったということだ。こんな小さな島では、外から動植物を持ちこんだり、その数が多くなったりするだけで、いろいろなところに狂《くる》いが出てきてしまう。そうなったら、人間が責任をもって数の調整をするしかないのだ。

帰りの船には、イーグル計画で呼ばれたハンターたちが銃《じゅう》を持って乗っていた。私は、日帰りで自然研究にきた人たちに、シーカヤックで見た数々の美しいほら穴のことを話した。この次には、違う島にも行って探検してみようと思っている。

我が家の滞在者
ストリートスマートのサム

私たちがこの家に住みはじめて、もう一年が過ぎた。この間にいろいろな旅人が泊《と》まっていき、私は彼《かれ》らから見知らぬ土地の話や、彼らのユニークな生き方を聞くことができてラッキーだと思う。

今、ここに滞在《たいざい》しているのはサムだ。やせっぽちで坊主頭の二十一歳《さい》になる男の子だ。彼の腕《うで》にはタトゥーがいっぱいで、髪《かみ》の毛《け》をそったときには、なんと頭のてっぺんにもガラスが割れたようなデザインのタトゥーが現れたので、さすがの私もびっくりした。

こんなパンクロック調のサム。見た目はそんなすごみを感じさせるけど、性格はおとなしくて照れ屋だ。いつもいるのかいないのかわからないほど静かで、みんなからはネコのようだといわれている。人に迷惑《めいわく》をかけることもないので、光熱費などにあてるためにもらう「滞在費」を、サムからは例外としてもらわないことにしている。

彼はニューヨークの北にあるコネティカット州から来た。生まれた所はニューロンドンという小さな海辺の町。リゾート地として順調に栄えるはずだったのが、一八〇〇年代に海賊《かいぞく》がやってきて住みついてからは、すっかりさびれたさびしい漁村となってしまったのだという。

彼の名字は「Panko（パンコ）」という。日本語の「パン粉」みたいだ。そのパン粉を英語にすると「bread crumbs（パンのクズ）」ということになる。このことをサムに言ったら、「クズかあ」と吹《ふ》き出して笑っていた。たぶんイタリア系かロシア系の名前だ。お父さんはお酒ばかり飲んでいるアル中の役立たずで、お母さんは貧《まず》しかったので苦労した

そうだ。けっきょく、サムの兄弟六人は、パンコといえばすぐにわかるほど町でも有名な悪ガキとなり、あちこちに養子に出されてしまった。サムとすぐ下の弟は、二人いっしょにもらわれていったので、今でもすごく仲がいいんだ。

高校生のとき、ポピュラー（見かけだおしなヤツ、勘違《かんちが》い男《おとこ》といったような意味）できどっている生徒の机の上に、かんしゃく玉を投げたことが原因で退学となったが、サムはほんとうは本好きで、頭がよく、もの知りだ。学校の勉強では得られないような、いろいろな経験をとおして苦労しながら身につけた知識もたくさんもっている。たとえば、他人との上手な接し方とか、お金を節約する方法とか、町中での危険を避《さ》けたりといった、町で身を守り生きていくための知恵《ちえ》だ。こういう知識に長《た》けていることを英語では「ストリート・スマート（street-smart）」と言う。

退学したあと何年間か、サムは子ども同士で廃墟《はいきょ》のような建物に住んでいたそうだ。そんなころに身につけたものごいを、今でもときどきしている。人から小銭をもらうことを恥《は》ずかしいとは感じてないようだ。二年間、屋根を直す定職についたこともあったらしい。サンディエゴの町をスケボーに乗ってよく探検しているので、ここに来てたった二か月だというのに、すでに私よりもよく道を知っている。夜遅《おそ》くなったときなどは、公園でトレーナーのフードをかぶって寝《ね》ていることもある。

食生活もサムらしい。食べものは日本の百円ショップのような九十九セントストアという店で、九十九セントのカップラーメンを十個もまとめて買ってくる。一ドルを大切に使うのがうまい。私の炊飯器《すいはんき》が気に入ったようで、お米を炊《た》くこともある。みんなの食べ残しのサンドイッチなども、恥ずかしいと思わず、感謝しながら食べるサムはなかなかすごいと思う。

この間、私の父が遊びにきたとき、同じ東部出身のサムとものすごく意気投合し、話がはずんでいた。父は、いまだに東部特有のいたずらの伝統がしっかりと引《ひ》き継《つ》がれていることを知って大喜びだった。ハロウィンにはパンプキンを割ったり、トイレットペーパーを木にまきつけたりするいたずらなどがね。

人生が楽しくてしょうがないという感じで、サムはいつもニコニコして明るい。これから、ニューオーリンズで行われる祭りを見にいきたいと言っている。アメリカ中を見たいと、小さなバックパックとスケボーを持って、グレイハウンドの長距離《ちょうきょり》バスに乗ってカリフォルニアまで来たサムだ。

サムは「バリュー」つまりお金やものは持っていないかもしれないが、スケボーとアートの腕はすごい。これからも、アルバイトをしたり、もらった小銭を集めたりして旅を続けていくのだろうか。学校と仕事に追われてアクセクしている私からみると、身ひとつで旅ができるような自由がいっぱいあって、人生を謳歌《おうか》しているサムがうらやましく思えてしょうがない。

やさしかったバイトの先輩フミさんのこと

おすし屋さんで働きはじめてから、サンディエゴにもたくさんの日本人がいることを知った。ここに来た目的はいろいろだけれど、ほとんどの人はアルバイトをしながら、語学学校に通ったりしている。カリフォルニアの海でサーフィンをするのが目的で来る人も多い。

みんなにとって、最大の問題は言葉だ。たとえば、車を当てられて、悪いのは当然むこうなのに、出てきたのは怖《こわ》そうな人で、英語で何をどなられているのかよくわからないうちに、なぜか自分が悪いことになってしまった、というような話はよく聞く。また、アメリカでは現金を持ち歩くことはとても危険なので、なるべくクレジットカードか小切手口座を作って小切手で支払《しはら》うようにするのだけれど、請求書《せいきゅうしょ》をどう処理したらいいのかといった、生活面での細かい問題もたくさんあるようだ。こういうことも英語で処理するのはたいへんんだ。

そんな言葉でのハンディはあっても、カリフォルニアはのんびりとしているので、みん

な楽しいと言っている。バイト先のおすし屋さんにいるシェフたちは、職人気質《しょくにんかたぎ》にあふれていて、新しい技術を覚えてきては、常連のお客さんにいつもとは違《ちが》っためずらしいものを出して喜んでもらえると、とてもうれしそうだ。ウエイトレスはみんなパートで、たいてい昼間は大学やコミュニティカレッジに通っている。中には、長く働いていて、アメリカ人のご主人と子どもがいる人もいる。

　大学に入って、おすし屋さんで働きはじめたとき、日本には小学校卒業までしかいなかった私は、お客さんに対してていねいな日本語が使えず、緊張《きんちょう》してどぎまぎしていた。そのうえ、先輩《せんぱい》のウエイトレスさんに対しても敬語を使っていたため、ほんとうにおどおどしてしまっていた。そんなとき、たまに大阪弁《おおさかべん》が出る元気のいい二十四歳《さい》ぐらいのフミさんという先輩が、「私のことはフミちゃんでいいわよ。それに私には敬語なんて気にしなくっていいからね」と言ってくれた。私はそのやさしいひと言に救われた気持ちがしたんだ。そんな気さくなフミ先輩は、昼間の仕事を見つけてやめていった。それでも、みんなに会いにときどき食事にきてくれていたんだ。

ところが、ある日、仕事場につくと、だれかが「フミさんが昨日殺《ころ》された」と言うのだ。そんなのありえない。間違《まちが》いだ。いつも明るかったフミさんの顔が浮《う》かんできて、もう彼女《かのじょ》がこの世界にいないということが、どうしても信じられなかった。仲間のみんなも同じ気持ちだった。

その晩、テレビのローカルニュースでもこの事件は伝えられた。「メキシコ系の男の人がけんかの末、女の子を刺《さ》し殺して逮捕《たいほ》された」と。女の子の名前も国籍《こくせき》も知らされなかった。家族の同意がない限り公表しない決まりなのだと思う。相手の男の人は、フミさんの元ボーイフレンドだった。彼《かれ》は自分も死のうとしたが、かけつけたお兄さんが思いとどまらせたらしい。

こんな殺人事件はニュースではよく見るけれど、自分が知っている人が巻きこまれてしまったのは、はじめてのことだったので、かなりショックだった。その晩はフミさんのことを知っている人たちから、つぎつぎと私に電話がかかってきた。みんなこんなことになって、ほんとうに残念だと言った。フミさんはみんなにやさしく、みんなと仲良しだったのだ。

彼女のご両親も日本からかけつけ、ダウンタウンにある仏教会のお寺でお葬式《そうしき》が行われた。二百人ぐらいの人が集まった。お父さんは「将来は先生になりたいと言っていたふみ子は、アメリカに来て生活をすることが夢でした。電話で話すたびに、アメリカは自由で楽しいとうれしそうでした。そんなふみ子は夢がかない幸せものでした」とあいさつした。

フミさんは不運だったと思う。人間関係のトラブルは世界のどこででも起こりうることだから。相手の男の人は懲役《ちょうえき》十五年の刑《けい》を受けた。

アメリカがとくに危ないということはないと思うけれど、日本とは違うことがあることは知っておくべきだ。車に乗っていれば平気だけれど、たとえば歩いていて、表通りのしゃれた高級品店を見たあと、角を曲がって一本裏の道に入ってしまったら、そこはドラッグを売る人がうろつくような危険なスラムだったということが、アメリカにはよくある。日本ではあまりないかもしれないけれど、大金持ちの家が並ぶすぐとなりが貧《まず》しい地域だったりするのだ。一本の道がまったく別の世界をへだてている。日本では想像できない危険があるので注意が必要だ。

超うれしい！私の絵に五十ドルの値がついた

スチューデント・アート・オークションが大学であるから、このクラスも参加したいと、受け持ちの絵の先生がみんなに呼びかけた。このイベントは、今年で二回目。去年、大学の予算削減《さくげん》のために、ギャラリーに芸術家を招いて作品を展示してもらう費用がなくなってしまったので、その費用を集めようと始まった企画《きかく》だ。今活躍《かつやく》しているアーティストの作品を大学内で見ることは、学生にとってすごく大切なことだと先生方は考え、学生の作品をオークションに出してみようということになったのだ。

私たちの絵のクラスでは、今まで一、二メートルもある大きなキャンバスに絵を描《か》いていたけれど、このオークションでは飾《かざ》る場所がないため、小さな絵ならテーマはなんでもいいと言われた。

私は、三十センチ四方の真四角なキャンバスを買って、ピカソ風の抽象画《ちゅうしょうが》「カメレオン」を半日で仕上げた。私は今までにカメレオンを二回飼ったことがあり、大好きな動物だ。なんといっても、エサを捕《と》るときにヒューとのびるあの舌は、見るたびにワクワクしてしまう。それで、絵のカメレオンも、背中までぐるっと舌がのびて虫を捕《つか》まえているところを描いた。カメレオンの指を一本だけ赤くして、デザインっぽい感じにもなった。すごく満足できるできではなかったけれど、まあまあだ。

クラスでおたがいの作品を批評し合ったあと、全員でギャラリーの事務室まで作品を持っていった。用紙に名前と題を書き入れ、そして、もし選ばれて飾られ、売れた場合、寄付するのは売り上げの六〇パーセントか一〇〇パーセントかを選んでマルをつけるようになっていた。

私は飾られるかどうかもわからないのに考えるのもばからしいと思い、売れたってたいした額にはならないという気がして、一〇〇パーセント寄付のほうにマルをつけた。

そして、次のクラスのと

き、先生がオークション展示に選ばれたのはこのクラスからは、二人だけで、私のカメレオンもその中に入ったと発表した。ワーイと思わず大喜びをしてしまったよ。やっぱり、たくさんの一般《いっぱん》の人に自分の作品を見てもらうチャンスが与《あた》えられたっていうことだからね。私にとっては、大きな励《はげ》みになる。

もう展示されていると先生が言うので、私はギャラリーまで走っていった。ほんとうに私のカメレオンの絵が飾られていた。壁《かべ》のいちばん隅《すみ》っこだったけれど、うれしかったよ。彫刻のクラスの人のも入れると全部で四十点ぐらいの作品が並んでいた。

私が尊敬するリチャード・キーリー先生の作品は、なんだかよくわからない、フワフワの毛がついている鉄の楽しい置物だった。それにはもう五百ドルもの値がついているのには驚《おどろ》いた。

私のには、五ドルの値がついていた。ちょっとがっかりだ。それではキャンバス代にもならないよ。大学院生の先輩《せんぱい》、ボビー・フィッシャーの作品は、絵と置物のセットで三つも飾られていて、それぞれにもう二百ドルと値がつけられている。確かにいい作品と納得できるものだった。

私もだれかの作品を買ってみようか、という気になって、受付の人に「オークションに参加したいのですが」と言うと、まず名前と住所をノートに書くように言われた。サインをし、電話番号を伝えた。それから、私の番号をもらい、気に入った作品のところのカードに、自分の番号と値段とイニシャルを書きこんだ。その後、値が上がっているか、ときどきのぞいてチェックしてみるんだ。

私は最終日の二日前にまた行ってみた。私の絵が二十五ドルに上がっていて、だれだかわからないけど、二人のイニシャルが交互《こうご》にあって、値を競《せ》っているのがわかった。先生か友達か、それともまったく知らない人か、だれがカメレオンを気に入ってくれたのか、何もわからないところがすごくおもしろい。

そして、最終日の締《し》め切《き》り一時間前にのぞいたら、ものすごい人が、みなそれぞれ鉛筆《えんぴつ》片手に、ぎゅうぎゅう押《お》し合《あ》っているのには、超《ちょう》びっくりした。私が欲しいと思って三十ドルをつけた絵は倍の六十ドルにはね上がっていた。残念だけれど、私はあきらめて、授業のある教室へ向かった。

翌日、先生が私の絵は五十ドルで競り落とされたと発表。学部に全額寄付してくれてありがとう、と感謝された。なんでも、今年のオークションでは去年の二千五百ドルをはるかに超《こ》える三千六百ドルが集まったそうだ。

私は学校のギャラリーに行って展示を見るのが好きなので、その役に立ててうれしかったし、ほかの美術の先生や、お客さんにも見てもらえたから、私にとっては今回のオークションは意味があった。それに、人気の集まる作品にするにはどうしたらいいか、そのヒントも見つけたように思った。来年は、もっといい作品が出せるようにがんばりたい。

なんでも知っている自慢のパパ

私の父は、かなり変わった外国人といえる。
目は青く、肌《はだ》がとても白い。髪《かみ》の毛《け》は今ではすっかり少なくなってしまったけれど、若いころは赤いクリクリの巻き毛をしていて、いかにもアイルランド系アメリカ人という感じだった。日本にもう三十年近くいるせいか、立ち振《ふ》る舞《ま》いが最近やけに日本のおじさんのようになってきている。たまにアメリカで会うたびに、それに気がつき、おかしくなってしまう。

パパは私が子どものころ、いつも本気になって遊んでくれた。そして、今そのひとつひとつが、私にとってかけがえのない大切な思い出となっている。パパはおもしろい遊びを考え出す名人でもあった。パパがチョークでつけた矢印を探しながら、二、三時間団地のまわりをぐるぐると歩き、ゴールに到着《とうちゃく》するとそこにはお菓子《かし》がかくしてあったりしたものだ。また、夜中に池へ行って、ライトで目をくらましてウシガエルを捕《つか》まえたりもした。私が集めたシルバニアファミリーのキャラクターを芝生《しばふ》の上に並べて、パパの大事なカメ

ラで写真を撮《と》らせてくれたこともあった。それぞれの遊びがかなりユニークだった。同じ団地に住む子どもたちの間でも、かなりの人気者だったパパは、私の自慢《じまん》でもあった。みんなパパを見つけると、「ケビンだ。ケビンだ」と言ってぞろぞろくっついて歩きだすのだ。

そのころ、千葉にある団地のまわりはみんな田んぼで、その自然がおもしろいことに気づいたパパは、そこの動植物を徹底的《てっていてき》に研究しはじめた。どこの田舎《いなか》にでもあるような、小さな田んぼの自然が、じつは日本人にとって大切な心の安らぎなんだ、ということを悟《さと》ったパパは、日本全国でその発見のひとつひとつを話している。きっとアメリカ人だったから、のどかな田んぼの素晴《すば》らしさに気がついたのだと思う。

とうに五十歳《さい》を過ぎた今でも、パパの未知なるものへの研究熱はちっとも衰《おとろ》えていない。次から次へと新しい興味がわき起こるらしい。宮崎駿《みやざきはやお》の大ファンでもあるパパは彼《かれ》の本やビデオを見まくっていたと思っていたら、最近はお化けや妖怪《ようかい》に興味をもち、いつか水木《みずき》しげるに会いたいと言っている。道端《みちばた》にある石仏の研究もすごかった。写真を撮り、何時間もかけてスケッチし、いっしょに彫《ほ》られている動物や道具の意味などを徹底的に調べ上げていた。きっとふつうの日本人よりはるかに、石仏の名前を知っていると思うよ。

世界中の神様にも凝《こ》りだしているからたいへんだ。人類学の博士号をもつパパによると、新しい宗教がある地域に入ると、昔からそこにあった信仰と混じり合うことがよくあるのだそうだ。それまで信じられていた在来《ざいらい》の神様と入れ代わったり、混ざったりする。それがパパにはおもしろくてたまらないらしい。たくさんの宗教の像を買い集めて、せっせと研究している。世界中の神様について調べるとしたら、まだ当分の間忙《いそが》しいに違《ちが》いない。

そして、ついにローラーブレードも始めた。カリフォルニアの海辺で海風にあたりながら、すべるのを楽しんでいるパパは、アメリカでもちょっと目立っている。ヘルメットをかぶり、ひざあて、ひじあてで体をかためたパパのかっこうは、まるで「かめさん」のようだ。無防備ですいすいとすべるビキニの女の子や子どもたちの後ろで、転びそうになりながらも、がんばっていたパパ。このごろはだいぶうまくなって、カーブもくるくると回れるようになり、私も感心している。

何年か前から、日本の大学生に人類学を教えるようになったパパは、若い男の子に人気のあるスケボーTシャツを着て、ヘビやワニなどの変わったバックルをして大学で授業をしている。退屈《たいくつ》になりがちな授業を少しでもおもしろくしようと努力しているのだ。夏になると、サッカーのレフェリーがはくような、しましまのハイソックスにショートパンツをはいてどこへでも行く。弟のルーキーが出場するサッカーの試合で見たレフェリーのかっこうがクールに思えたらしい。

こうしてみると、ただの変人のようだけれど、じつは、パパはかなり頭がいい。名門スタンフォード大学から博士号をもらい、日本語で本も書いている。私は自分がアメリカの大学に入ってみて、それがどんなに高いレベルなのかがよくわかった。大学院はどこも入るのが難しいのだ。勉強で何かにつまったときなどに、日本にいるパパに電話で質問すると、たいてい一時間ぐらいの長い答えが返ってくる。どの分野のことでもよく知っている。今でも、数学の公式をちゃんと覚えていて、難問が解けるというのには感心してしまう。

アメリカでは親と仲良くしている友達がけっこう多い。シェーンもしょっちゅう電話でお父さんに自分の恋愛《れんあい》の悩《なや》みを相談している。私がママとけんかしたときでも、パパはいつでも私の味方だ。ママには悪いけれど、日本人であるママと違って、パパはアメリカの若者の生活や考え方をよくわかってくれるのだ。日本の友達が自分のお父さんとうまくつき合えないとかいう話を聞くと、私はなんでもわかってくれるパパがいて、運がよかったなーと、つくづく思う。

Part 3 最近のアメリカ、気になること

春休みに日本でお花見をしたよ。左からメーガン、私、コーディ、シェーン。

車がないとどこにも行けない不自由な国。
でも、困っている人を放っておけない、心やさしい人がいっぱいの国。
そんなアメリカに暮らしていて、この国にますます興味がわいてきたよ。

困った！　痛みが限界!!
国境を越えてメキシコの歯医者へ

アメリカで生活していてちょっと困ることがある。それは、医療保険《いりょうほけん》のことだ。正社員として企業《きぎょう》で働いている人は会社の保険に入れるかもしれないが、そうでない人がだれでも入れる日本の「国民健康保険」のような便利なシステムがアメリカにはない。日本で暮らしていたときには、国民健康保険なんて気にもとめていなかったけれど、アメリカでは、毎月自分でどこかの保険会社に高いお金を払《はら》って、万が一のときに備《そな》えなくてはならない。それに、歯医者さんはまた別の保険に入らなければならないから、貧乏《びんぼう》だと病院にも行けないことになる。

私の知っている日本からの留学生たちは最低限の健康保険に入り、歯は休暇《きゅうか》で日本に帰ったときに治療《ちりょう》している。私も一年に一回は、たいていまとめて日本の歯医者さんでお世話になっている。

去年の冬のことだった。私は奥歯《おくば》二本が急に痛みはじめてほんとうにつらかった。日本に行くまでなんとか我慢《がまん》してみようとしたけど、限界に近づいてしまったのだ。バイト先のおばさんが作ってくれた仕事前の食事をパクパクつまんでいたとき、あまりの痛さに悲鳴を上げてしまった。それを聞いたすしシェフのそうちゃんが、メキシコにけっこういい歯医者さんがいるから行ってみたら、と教えてくれたんだ。メキシコなら物価が安いぶん、治療費も安くすむかもしれない。

そうちゃんの奥《おく》さんは、メキシコの人だ。地元の人が行くところなら、けっこう信頼《しんらい》できる情報に違《ちが》いない。ここサンディエゴからメキシコの国境まで、車でたった二十分という近さだ。その歯医者さんは国境の近くにあり、名前は「デンティランド」というそうだ。ちょっと、ディズニーランド風で楽しそうな響《ひび》きもするが、まわりのみんなが「オウ、デンティ〜ランド」とふざけているのを聞くと、ちょっと不安な気もしたが、この痛みをとってくれるところなら、もうどこでもいい。さっそく予約をとって行くことに決めた。

ひまそうなコーディを誘《さそ》って、いっしょに来てもらった。まず車は、国境手前のアメリカ側に駐車《ちゅうしゃ》してから、歩いて橋を渡《わた》りメキシコ側に入った。この国境の町、ティファナには今までにも何回かお土産《みやげ》などを買いに商店街に来たことはあったが、地元の人が住んでいる住宅街に行くのはこれがはじめてだ。

メキシコの警察にお金を巻き上げられたとか、ろう屋にぶちこまれたとか、友達からメキシコの治安の悪さをさんざん聞かされていたので、気持ちもひきしまってきた。

まずはタクシーを拾った。運転手さんに住所が書いてある紙を渡し、そこに連れていってもらった。このタクシーもそうだけれど、道を走る車もみんなボディーがボコボコで、びっくりだ。ここでは、ルールを守ることより、おたがいぶつかり合うことのほうのがふつうなのかもしれない。

五分ぐらい走ると、目的のデンティランドに到着《とうちゃく》した。小さな病院だ。中に入ると、患《かん》者《じゃ》さんの半分はアメリカから来ている人だとわかった。みな遠くても安い治療費のためにここまで来るのだ。それと、とても奇妙《きみよう》に思えたことは、ここで働く先生やスタッフはみな若い女の人ばかりだ。私の先生もきれいな三十歳《さい》ぐらいの女の人で、まるで「お友達」といった感じで親しみやすい人だった。

診察室《しんさつしつ》には、たった二人分のイスしかなく、レントゲンも別室でなくその場で撮《と》る。日本の近代的な歯医者さんの設備を見慣れている私からみると、不安を感じさせるものだったが、こうなったら覚悟《かくご》を決めるしかない。

先生に診《み》てもらうと、私の虫歯はかなりひどく、少なくとも八回は来ないと終わりそうにないというので、がく然とした。それにたった二本で、千ドルもかかるという。

ついでに診てもらったコーディの虫歯は軽くて、たった十五ドルですむそうだとかで、本人はルンルン顔だ。しかたがない。分割払《ぶんかつばら》いにしてもらうことにして、通うことに決めた。そして、この日は痛み止めの治療をしてもらって、終了《しゅうりょう》となった。

ほっとしたのもつかの間、国境近くまで来たところで驚《おどろ》いた。ものすごい人と車の列で

あふれかえっている。歩いて渡る人の列もえんえんと長蛇《ちょうだ》の列だ。九月十一日のテロ以来、国境を越《こ》えてアメリカに入るためにひとりひとり念入りにチェックされるので、時間がものすごくかかっているのだ。聞けば、なんと三時間はかかるとか。気の遠くなるような話だった。

　そのとき、「自転車を七ドルで貸すからこれで早く渡ったらどうだい？」とメキシコ人が言ってきた。なんでも自転車の人専用の列は、ほとんど人が並んでいないからこれでスーと通り、あとはむこう側のハンバーガー屋の駐車場に乗り捨てておいてくれればいい、という。

三時間待つなら七ドルは悪くないと思い、その変な話にのった。自転車といっても、動くのが信じられないほどのオンボロだ。ギーコギーコとペダルをこぎながら、私たちはおたがいを見て大笑いした。自分がものすごくこっけいに思えて、つい、おなかをかかえて笑ってしまうのだ。

そして、彼《かれ》の話のとおり、アメリカ側にあるハンバーガー屋の裏の駐車場にはボロボロの自転車が山と積み上げられていた。私たちもそこにポーンと放り投げて、帰ってきた。

その後、私は歯医者通いのたびに、ジャスミンとかデイビッドなどの友達を誘って、なんとか残りの治療を終わらせた。そして、私の歯には立派なメキシコの冠《かんむり》がかぶせられたのだ。三つの国で治療した私のインターナショナルな歯をときどき友達に見せて自《じ》慢《まん》している。

ちなみに、あの自転車貸し出しの珍《ちん》商売は、その後同業者が増えたため、自転車専用の入国窓口の列も長くなり、借りる意味がなくなった。それでもまだ、「五分で渡れるよ」とか平気でホラを吹《ふ》く商売人は減らなかった。

NO WAR! 反戦デモに参加した

今（二〇〇三年春）、アメリカがイラクを相手に戦争を始めようとしている。国内でのテロへの警戒《けいかい》レベルも黄色からオレンジ色に変わり（その次の赤が最高）、これからどうなるのだろう、と不安を感じる人も多くなった。気休めのガスマスクを買ったり、化学兵器から身を守ろうと、家の窓中にビニールシートをはったりしているらしい。

私の友達の中には、アメリカ政府に完全に失望して、もうミサイルでもなんでも打ちこまれて、国がやられてしまってもしかたがないと言っている人もいる。先週の週末（二〇〇三年二月十五日）は、世界中が反戦デモに立ち上がった。百五十万人もの人がロンドンで、五十万人の人がベルリンで、ほかにもパリやアムステルダム、バルセロナ、ローマ、メルボルン、ソウル、東京などの大都市で、そしてアメリカではニューヨークからサンフランシスコまで、それはものすごいデモがまきおこった。サンディエゴで開かれたデモには、私も参加して、反対の人のひとりになれてよかったと思っている。私たちは子どものころから、戦争はどんな理由があるにせよいけないものだと言われてきた。政府の一部の人のせいで、なぜ罪のない子どもたちや一般《いっぱん》の市民まで爆弾《ばくだん》で死ななければいけないのか、私にはわからない。

このデモのことを知ったきっかけは、喫茶店《きっさてん》においてあったビラだ。そこには「イラクに対する戦争に反対する、世界デモに参加しよう！」とあった。

サンフランシスコから遊びにきているシェーンのお母さんや妹も参加したいというので、コーディやサム、私も含《ふく》めて六人で、町の中心にある連邦《れんぽう》政府ビルに朝早くから出かけた。

サンディエゴには、海軍（Navy）や海兵隊（Marine）の大きな基地があるので、反政府的な集会にはあまり人が集まらないのがふつうだが、この日は、ものすごい数の人が集まっていてまず驚《おどろ》いた。何千人、いや一万人ぐらいいる。それも、若い人というより、中年がおもで子ども連れの家族が目立つのだった。

みんな手に「No War」と書いたプラカードを持っている。とくに印象的だったのは、オレンジ色の服を着たチベットからのお坊《ぼう》さんたちが曼陀羅《まんだら》を板にはってプラカードにしていたことだ。太鼓《たいこ》をたたいている人もいる。通りがかりの車も応援《おうえん》を表すクラクションを鳴らしてくれる。それでも、中には車から「戦争賛成」と叫《さけ》ぶ人もいた。

集会では、リーダーがまず演説したあと、海辺のほうまで、行進することとなった。メガホンを持った人が叫ぶ「ヘイヘイホー、ブッシュの戦争やめろ！」という同じ言葉をくり返しながら、私たちは三時間も歩いた。のどは痛くなるし、足も疲《つか》れる。こういう行

進って、見ているとそんなにたいへんそうじゃないけど、実際やってみると、かなりきついことがよくよくわかった。

サンフランシスコのデモには、二十万人の人が集まったらしいが、友人のネイトもそのひとりだったそうだ。

歴史的に見ても、今までアメリカから一方的に戦争を始めるということはなかった。なぜ、ブッシュは今戦争をしなくてはいけないのか。アメリカが日本やドイツにしたように、民主的な政府をイラクにも作ってくれと頼《たの》むイラク人が一部いるのはほんとうだけど、石油が欲しいという理由で、上級生のアメリカが下級生のイラクをやっつけようとしているのだと、世界のたくさんの人は思っている。

この政権の自然保護に対する考え方にも、私は納得できない。アラスカなど自然を守らなければならない貴重な場所でも次から次へと石油採掘《さいくつ》を許可しはじめている。

最近、サンディエゴの町では、「私たちは戦争に反対している」とか、「平和を」とかの意思を表す紙を窓にはっている店を見かけはじめた。

東京のデモではブッシュの仮面をかぶった五、六人の若者が踊《おど》っているおもしろいシーンが、何度もこっちのニュースで流れた。さすがに日本人は、やることが凝《こ》っている。

これからほんとうにどうなるのか。あの九月十一日を境にして、私たちの生活は見た目は同じでも、すっかり変わってしまっているのだ。イラクと戦争したからといって、アメリカが、そして世界が安全になるとは、私にはぜんぜん思えない。いや、きっともっと危険になるに違《ちが》いない。

グラフィティアーティストのシェーンは、一生懸命《いっしょうけんめい》に反戦をテーマにグラフィティを描《か》きまくっている。

大学では、以前と変わらず同じように授業が行われている。この問題にまったく興味がない人もたくさんいる。彼《かれ》らにだって徴兵《ちょうへい》の問題も出てくるだろうし、日に日にガソリン代が上がっていくので、そのうち無視することもできなくなるはずだ。

アメリカは、これからイラクに対してではなく、まず全世界の声と戦わなければならない。この間違《まちが》った戦争がなんとか回避《かいひ》されればいいのにと、私は心から思っていた。

ファストフードって、こわい……もう食べられなくなっちゃった

去年の春、今ごろだったと思う。画家である友達のセルジオが、『ファストフードが世界を食いつくす（Fast Food Nation）』という本を貸してくれた。その後、シェーン、メーガン、リズとみんなで回し読みをしたため、私のもとに本が戻《もど》ってきたときはボロボロになってしまった。私はあせってテープで補修して返したところ、セルジオは逆にいい本をみんなに読んでもらってうれしいと喜んでくれた。

この本、日本でも翻訳《ほんやく》されているそうだけど、アメリカでは大反響《だいはんきょう》を呼んでいる。高校生の弟も友達から借りて読んでいる。この本を読むと、これまでなんの疑問《ぎもん》もたずに食べていたハンバーガーに対してショックを感じ、口にできなくなるかもしれない。

日本にいたころ、私はファストフード店など一軒《けん》もない田舎《いなか》の新興住宅地《しんこうじゅうたくち》で育ったから、小さいころにハンバーガーを食べた記憶《きおく》がない。アメリカに来てからは、週に何回か食べるようになった。とくに高校生のころは、学校の帰りによく友達とファストフード店に行ってハンバーガーを食べていた。そして、今思えば、食べたあとはいつもきまってのどが

異常に渇《かわ》き、気持ちの悪いゲップが出そうなイヤなあと味が残ったのを覚えている。汚《きたな》い話だけれど、ウンチのにおいも、いい食べ物を食べたときとは違《ちが》うくさいにおいがした。食べなきゃよかったなーと思うのだけれど、すぐに忘れてしまい、またハンバーガーショップに行ってしまうのだった。今ではファストフードを食べると、おなかが痛くなるのでまったく口にできなくなっている。

ところで、その本の中で私がいちばんショックを受けたことは、食べ物の味が自由自在に作られているということだった。香水《こうすい》を作っている香料工場で炭火焼のハンバーガーなどの味、香《かお》りが作られているなんて夢にも思わなかった。マクドナルドなどのファストフード店で使われる肉やポテトなどは、冷凍《れいとう》されているので風味もほとんど失われている。そこで、このニセモノの味が使われるのだという。マクドナルドのポテトにはビーフ香《こう》料《りょう》が入っているので、ほかのチェーン店のものよりおいしく感じるらしい。

私が食生活を考えはじめたきっかけは、近くの公園で開かれたフェスティバルでビーガン（Vegan）と呼ばれる完全な菜食主義者の存在《そんざい》を知ってからだ。その後、健康食にますます興味をもち、食に関する本などを何冊か読んで、なんとかして私も食生活を健康ないものに変えたいと決心したのが二年ほど前のことだった。それ以来、魚以外の肉はほとんど口にしていないし、無農薬の野菜や食べ物をできるだけ買うようにしている。トマトやグレープフルーツなどのオーガニック野菜は甘《あま》い香りがして、スーパーのものとは違い

がはっきりわかる。値段は少し高いけれど、食べ物に使われる化学薬品が体に積もってがんなどになって、莫大《ばくだい》な治《ち》療費《りょうひ》がかかることを考えたら、安全で体にいいものを食べて暮らしたほうが長い目で見たら得だと思う。

　私が肉を食べるのを避《さ》けるようになったのは、倫理《りんり》、環《かん》境《きょう》、健康面から見て問題があることに気がついたからだ。倫理的にイヤなのは、動物がギュウギュウの狭《せま》い飼育所で育てられ、大量生産されていること。私は動物がかわいそうでしかたがなく、考えるだけで心が痛む。健康の問題としては、肉ばかり食べることは体によくないからだ。心臓病やがんにもなりやすくなるという。それに、動物には大量の成長ホルモンが与《あた》えられたり、中には死んだ牛からつくられた飼料を与えられることもあるらしい。狂牛病《きょうぎゅうびょう》で死んだ牛の肉が入っているかもしれないというのはおそろしい。薬で巨大《きょだい》になった動物の肉を食べたって、体にいいわけがないと私は思うのだ。

牧場でも牛を放牧しなくなっている。カウボーイが、大草原の草をのんびり食べる牛を追うという姿はほとんどなくなった。そのかわりに、牛たちは動き回ることもできないほど狭い場所で、耳に筋肉増強剤《きんにくぞうきょうざい》を打たれながら、コンクリートボックスに入った穀物を肉になるまで三か月間食べ続けるのだとか。その間に、千三百キロもの穀物を食べ、体重は百八十キロも増えるらしい。これだけの大量な穀物は輸入にも頼《たよ》っている。森林を伐採《ばっさい》して畑にし、とれた穀物をアメリカに輸出している国々のことを考えると、牛を食べることが自然破壊《はかい》につながっているということにも気づかされる。アメリカ人はもっと大豆《だいず》やお米を食べてもいいと思うよ。肉ばかり食べるアメリカ人が、なんだか自分勝手に思えてきた。

おまけに、牛が毎日するウンチが一頭あたり二十二キロもあるそうで、この処理を考えてみても、環境におよぼす影響《えいきょう》は計り知れないと思う。

近所に住むテラは、ボーイフレンドのブライアンがファストフードばかり食べたがっているのでいつもなげいている。テラは健康的な日本食、タイやインドの料理が大好きなのに、ブライアンはデニーズのステーキやマクドナルドのハンバーガーを食べたがるのだそうだ。彼のお母さんは弁護士で忙《いそが》しかったので、食べ物はTVディナー（ひと皿が一食分の温めるだけで食べられる冷凍食品）やファストフードの肉食ばかりで、野菜を食べた記憶がほとんどないそうだ。二十三歳《さい》になった今でも、彼にとっては幼児のころからすりこまれた食べ物の味が母の味になっているというわけだ。テラは彼の健康を心配して少しずつ変えようと努力している。

この「子どものころに食べた味というのは、大人になっても忘れられないでまた食べたくなる」ということに、マクドナルドが注目したのはおそるべきことだと思う。子どもの大好きなディズニーと手を組んで、そのキャラクターを景品にしたり、プレイランドを作って子どもの心をつかんでいる。小学校や中学校のランチ用に学校に寄付をしたりして、ランチのメニューに入りこんだりしているところも多い。コカコーラも同じだ。

アメリカ人は心臓の病気で死ぬ人がいちばん多いし、がんにかかる年齢《ねんれい》もどんどん低くなっている。すごく深刻な問題だ。

私は、アメリカが病気の解明のために巨大な医学研究費を出す前に、若い人や一般《いっぱん》の人にもっと食べ物についての教育をするべきだと思う。悪い物を食べ続けると病気になるんだということを知らせなければいけないのだ。

よく健康食はおいしくないという人が多いけれど、ここサンディエゴで私のいちばんのお気に入りは、豆腐《とうふ》にシイタケを入れたおいしいメキシコ料理を作ってくれる健康食レストランだ。それに、日本には昔から健康的な食べ物が多かったのだということに最近気がついた。日本が世界でも有数の長寿国《ちょうじゅこく》なのは、きっと食べ物と大きな関係があるに違いない。

日本への旅行で桜を見ながらホームレス体験

三月末からのスプリングブレイク（春休み）を利用して、友達と日本へ遊びにいってきた。ちょうどアジアで原因不明の伝染病ＳＡＲＳが大流行していたし、イラクでは戦争真っただ中だったので、まわりの友達もやめたほうがいいんじゃないかと心配してくれたけど、何か月も前から楽しみにしていた日本行きを、そう簡単にはやめられない。いっしょに行ったのは、メーガン、シェーンとコーディ。みんな日本ははじめてだ。

日本に到着《とうちゃく》してすぐに向かったところは、コンビニだった。日本のコンビニは小さいのになんでもそろっているので、みんなは目を輝《かがや》かせて、おおいに感心していた。ＦＡＸもできるし、荷物も送れるし、おでんや肉まんなど、おいしいものがあふれている。狭《せま》い場所にたくさんの機能をもたせるのは、日本人の優れた才能だ。アメリカじゃ、コンビニの食べ物といえば、まずいホットドッグにサンドイッチぐらいだからね。

すごくおかしな話がある。シェーンがアメリカに戻《もど》ってすぐに見た夢が、日本のコンビニの夢だったというのだ。おなかをペコペコにしたシェーンがコンビニのおにぎりコーナーへ向かったところ、すべて売りきれで一個のおにぎりも残っていない。「おにぎりは、いったいどこへ行っちゃったんだ？」と大騒《おおさわ》ぎのパニック状態《じょうたい》におちいったところで、夢から覚めたそうだ。彼《かれ》はシャケのおにぎりがそうとうに気に入ったようだ。コーディはパック入りのとろろそば、女の子のメーガンはやっぱりケーキなどのデザート類に心がうばわれていた。十日間の旅行中、私たちが滞在《たいざい》していた千葉にあるパパのアパートは台所が物でうもれていて調理不可能状態だったこともあって、食べ物は九〇パーセントコンビニで調達していた。みんながあれほどコンビニ好きになったのには、そういうワケがあったのだ。それにしても、日本の製品って、コンビニのものに限らず、なんでもよくできていて、種類も多く、アメリカのものと比べると、いちいち感動させられる。

桜がきれいなこの時期は、花粉症《かふんしょう》の季節でもあって、町じゅうに白いマスクをしている人がたくさんいた。みんなの目には、これはかなり奇妙《きみょう》な光景に映ったようだ。アメリカにはこうしたマスクはない。マスクといえば、病院や工事現場で働く人がしているのくらいしか見ないからね。メーガンやシェーンは、マスクをするとどういう感じがするのか試したいと、わざわざ買ってしてみたが、思ったより息苦しいことがわかり、すぐにやめてしまった。その後、メーガンはほんとうに自分が花粉症となり、マスクなしでは眠《ねむ》ることもできなくなってしまった。マスク姿の日本人を「超変《ちょうへん》」だ、と笑ったバチが当たったのに違《ちが》いない。

東京へは、みんなで何度か行った。途中《とちゅう》の電車の中は人がいっぱいなのに、話し声がまったく聞こえず、シーンと静まりかえっているのが、みんなにはすごく不思議に思えたらしい。アメリカだったら、知らない人同士でもとなり合えば、「どこまで行くの?」とか、「学校は、どう?」とか、話しかけたりして、楽しく会話するのがふつうだという。日本人はみんな自分の世界に入りこんでしまって、まるでほかの人の存在《そんざい》なんか見えないみたいだったというのだ。

アメリカ人は、だれにでもフレンドリーでいいのだけれど、長〜い行列ができているような郵便局やスーパーのレジなどで、後ろで待っている人に気をつかうこともせず、店員とダラダラとおしゃべりをしていることがよくあって、私はびっくりしてしまう。国民性の違いだね。

渋谷に行ったら、シールを配ったりして反戦デモをしている若い人を見た。日本では、無関心な人が多いのかと思っていたので、心強く感じた。そのあと、ブラブラと歩いて宮《みや》下公園《したこうえん》まで出ると、ホームレスの人たちが茂《しげ》みの中に、それぞれ自分の小屋を建てて住んでいるのには、みんなで驚《おどろ》いてしまった。アメリカの公園では、そんな勝手なことはぜったいに許されないからね。

そこで、ノブさんというホームレスの人とも友達になることができた。アメリカに何年かいたという彼は、英語もできる。四十二歳《さい》になるというノブさんは、とび職をしていたが、ある日、仕事現場で部下を亡《な》くしてからはやる気がなくなり、ここに来てもう四か月がたつという。仕事探しも始めたが、なかなか見つからないそうだ。

ここにいる人をよく見ると、アメリカにいるホームレスとは、ちょっと違うことに気がついた。彼らは、みんなふつうの人だ。私の印象では、アメリカでは、何か大声で叫《さけ》んだりしているような、問題のあるホームレスが多いような気がする。

ここで暮らす人たちには、東京都から歯ブラシ、タオル、下着の配給もあるという。それにしても、私が日本を離《はな》れた十数年前は、日本は景気がよかったのに、今こうしてリストラなどの、厳《きび》しい現実を見た気がした。

ところで、私たちはその晩、泊《と》まりたかったユースホステルが満員で、行くところもなくなったので、宮下公園で野宿をしようということになった。建築の仕事をしているコーディは、小さいころから段ボールで家を作るのは得意だったといって、大はりきり。シェーンと二人で、どこからか二十個もの段ボールをもらってきて、ガムテープを使ってあっという間に立派なしっかりとした小屋を作ってしまった。駅のロッカーには寝袋《ねぶくろ》も置いてあったので、その晩は段ボールの家で朝までぐっすり眠ることができた。

というわけで、思いがけず、きれいな夜桜を楽しみながら、公園でホームレスの経験もでき、みんな一生忘れられないような日本の旅になったことは確かだ。

日本のテレビや映画がアメリカでも大人気

ちょっと前のことだったが、テレビのチャンネルを変えていたら、着物姿のビートたけしがいるではないか。昔、日本で見たことがある「風雲！　たけし城」とかいう番組だ。私が小学生のころは、毎週欠かさず見ていたものだ。

あまりになつかしいので、すぐに仲間を呼んだ。すると、みんな最初から大爆笑《だいばくしょう》だった。全部英語に吹《ふ》き替《か》えてあって、てきとうにアメリカのジョークに変えられている。実際にビートたけしが言っていることとはぜんぜん違《ちが》うのだけど、おかしさは伝わるみたいだ。

このときから、みんな「たけし城」の大ファンとなり、私たちの話題にしょっちゅう出てくるようになった。ブラッドは、テレビでこの番組をやっていると興奮して電話をしてくる。そして、「見てるか」と聞くのだ。「Most Extreme Elimination Challenge」というタイトルで、その後、放送回数が増えて、ついに毎日やるようになった。きっと視聴率《しちょうりつ》がすごく上がったからだと思う。

番組が作られてから十数年はたっているはずだ。出てくる日本人はみんな真っ黒の髪《かみ》を

していて、髪型も洋服も時代遅《おく》れでダサい感じがする。

　まねをするのは日本人ばかりかと思ったら、アメリカ人もこの番組をコピーした番組を作ってしまった。同じ道具立てで、デザインもまったく同じだ。でもなぜか日本のほうがおかしい。アメリカのはプロの若い女の子なども入っていて、わざと笑いを誘《さそ》ったりしているせいかもしれない。ある日、この番組に、有名なスケートボーダー、トニー・ホークが出演しているのにはびっくりした。遊び好きなアメリカ人にこの番組は大うけ中だ。

　日本のアニメの人気もすごい。弟からの情報によると、アニメ専用チャンネル(Cartoon Network)では、「らんま1／2」、「ドラゴンボールGT」、「犬夜叉《いぬやしゃ》」、「鉄腕《てつわん》アトム」、「遊戯王《ゆうぎおう》」などをよくやっているそうで、そのうち「ドラゴンボール」は、英語版やスペイン語版もある。そして、夜の十一時から午前二時までの三時間はアニメブロックといって日本のアニメだけを放映してる時間帯があるそうだ。血や暴力、はだか、汚《きたな》い言葉が多い日本のアニメは子どもが見ている時間帯には放映できないからだ。そこでは「ガンダム」、「ルパン三世」、「幽遊白書《ゆうゆうはくしょ》」、「カウボーイビバップ」などのアニメを連続放映している。これ以外にも、メジャーなTVネットワーク「FOX」でも、「ポケットモンスター」や「ソニックX」、「遊戯王」などを小さな子ども向けに放映しているそうだ。

これだけのアニメがアメリカで、または世界中で放映されているとしたら、その影響《えいきょう》はものすごいだろう。

『千《せん》と千尋《ちひろ》の神隠《かみかく》し』でアカデミー賞の長編アニメーション映画賞に輝《かがや》いた宮崎駿《みやざきはやお》の名前は、アメリカでも知られるようになった。ビデオ屋にも彼《かれ》の作品のビデオがいくつも並んでいる。私は宮崎駿の作品を全部持っていて、友達によく貸してあげている。自然と人間社会の関係をとらえたテーマが感動的なんだ。みんなと『風の谷のナウシカ』を見ながら、私がてきとうに同時通訳をしてあげたりしていたが、ビデオで売り出された英語版を見て、「あれ、これミッチーが言っていたのと違うね」なんて言われたりする。みんな真剣《しんけん》に見ていて、よく覚えているのにはちょっとあせってしまった。

日本のホラーもまた独特だ。父が『リング』という映画のビデオを買ってきてくれたことがあった。これも、同時通訳しながら友達と見たが、殺《ころ》しや血だらけのシーンがやたらに多いアメリカのホラーとは違って、みんながこれは気味悪ーい（creepy）を連発。強がりのコーディさえも怖《こわ》いシーンはまくらで顔をおおっていたくらいだ。その後、同じ『The Ring』というタイトルでアメリカ映画としてリメイクされた。私ははりきって見にいき、かなりがっかりした。気味悪さがぜんぜん感じられなかったからだ。

日本には妖怪《ようかい》やお化けの話が昔から多くて、霊《れい》を信じている人も多い。これは、仏教的なものからきているのかもしれない。お墓参りをしてお線香《せんこう》をたいたり、亡《な》くなった人にお祈《いの》りしたり、お盆《ぼん》には祖先の霊をおむかえして、キュウリやナスをお供えしたことを思い出す。アメリカにいる私のおばあちゃんやおばさんは、おじいちゃんやおじさんのお葬《そう》式《しき》をしたあと、セメタリー（墓地）は好きじゃないとか言って、一度もお墓参りはしていない。日本のおばあちゃんはこの夏、おじいちゃんの三回忌《さんかいき》のためにお坊《ぼう》さんを呼んだとはりきっている。霊に対する考え方がだいぶ違うんだ。

クリスマスにツリーをお墓に飾《かざ》ったりして、親せきみんなでピクニックでもするように集まっているのは、たいていメキシコ系の人たちだ。そういえば彼らには、十一月一日、二日に「死者の日（Dia de los Muertos）」という行事があるくらいだから、霊に対してはまた独自の文化があるのだろう。お化けや神様については私の父がだいぶ研究しているから、今度聞いてみよう。

高校の友達がママになる！ ベイビーシャワーでお祝いしたよ

高校時代の仲良しグループからはじめて出産をむかえる友達が出た。彼女《かのじょ》の名前はソフィア。お父さんは黒人の元アメフト選手で、お母さんは白人でチアリーダーをしていたというだけあって、彼女はスラっと背が高く、目はパッチリ、モデルのような美しいミックスだ。お母さんと二人暮らしだったせいか、高校時代からいつも質素で、古着を自分流にアレンジしておしゃれしているところが私と気が合うところだった。

高校卒業後、彼女はボーイフレンドのザックとコロラドに移り、そこで大学に通っていたけれど、やっぱりサンディエゴが恋《こい》しくなってここに戻《もど》ってきた。そして、二人だけの簡単な結婚式《けっこんしき》をした。彼女はまだ二十歳《さい》と若い。でもお母さんが結婚したのも二十歳だったから、反対する人はいなかったそうだ。

彼女が二十一歳の誕生日をむかえたこの春、「お酒もいよいよ飲めるようになったね」とお祝いしようとしたら、「じつは妊娠《にんしん》していることがわかったので、お酒は飲まないほうがいいと思う」と彼女が発表したので、私たちはもう大喜びの大歓声《だいかんせい》をあげてしまった。

ベイビーシャワーの計画もそのとき考え、赤ちゃんの誕生を楽しみに待つこととなった。

「ベイビーシャワー（baby shower）」とは、これから生まれてくる赤ちゃんのために、友達や親せきが集まってプレゼントをするパーティーのことだ。結婚をする人のためだったら、ブライダルシャワーとかウエディングシャワーというものがある。このシャワーというパーティー、よく聞く言葉だけど実際に体験するのははじめてなので、私は興味津々《きょうみしんしん》だった。

パーティーの会場はメーガンの家に決まった。私は招待状《しょうたいじょう》の係を引き受けた。それから、このパーティーをどういうイメージにするか、テーマについて話し合った。ふつうはベイビーシャワーといえば、ピンクやパープルなどの色合いを使ったやわらかいパステル調というのがお決まりだけど、私たちのソフィアはまだ若いのだ。もっと、ポップで元気な感じにしたいと思っていたところ、保育園で働くメーガンが、あの「スポンジボブ」はどうか、とアイデアを出した。スポンジボブとは小学生の間で人気急上昇《きゅうじょうしょう》中のキャラクターで、黄色のスポンジでできているとぼけた男の子。かわいいズボンをはいて、海の中に住んでいるのだ。

私はさっそくボブのカラーコピーをとってきて、ピンクのカードにはってみた。キラキラするグリッターもつけ、遊びに来た弟のルーキーやメーガンの手も借りてすべて手作りで、なんとか四十枚ものオリジナルカードを作った。

このカードの中には、レジスターは「ベイビーザラス（トイザラスの赤ちゃん版）」であることを知らせる紙も入れた。さすがに合理的なアメリカ人が考え出したシステムだ。どういうことかというと、まずソフィアとザックがベイビーザラスで売っている品物の中で、欲しいなと思うものをお店に登録する。五ドルぐらいの安い物から二百ドルぐらいのものをたくさんリストアップしてコンピューターに入れてもらう。そこで、贈《おく》り物《もの》をあげたい人は、ベイビーザラスへ行き、二人の名前を自分で機械に打ちこむと、彼らのリストの紙が出てくる。

そのリストの中から、自分の予算から気に入ったものをプレゼントしてあげるという、むだのないシステムだ。もちろん、もうだれかが買った品物はリストから消えるから、ダブる心配もない。それにアメリカ中どこにいても、デパートやチェーン店だったら、同じリストを手にしながらものを選べるのだ。

私はコーディとジョーイと三人でお店に行き、カラフルな歩行器を選んだ。

いよいよパーティーの当日、私はメーガンの家へ早めに行って、スポンジボブの絵がついた紙コップ、お皿、テーブルクロスを敷《し》いたり、ボブの色である黄色の風船をあちこちに飾《かざ》ったりして、準備をした。こういう、デコレーションは大得意の私だ。また、スナックなどの食べ物も買ってきて並べた。

そうしているうちに、高校時代のなつかしい友達がやってきた。久しぶりに会えたから、

うれしさも倍だ。八十歳になるというザックのおばあさんも含《ふく》め、たくさんの親せきの人も参加してくれた。

まずビュッフェスタイルでスナックをつまみ、おなかがいっぱいになったところで、ゲームをすることになった。こういう遊びは、シャワーにはつきもののようだ。パーティー用のなぞなぞとかクイズ問題は、紙コップなどを扱《あつか》っているパーティー用品屋などでも売っている。

この日は、ベイビーシャワーなので、かわいいマザーグースに関するクイズとなった。マザーグースに登場する人物がそのときどうしたかとか、そのあと何が起こったかとか、マザーグースをよく記憶《きおく》している人には、超簡単《ちょうかんたん》な問題だったに違《ちが》いないが、日本生まれの私にとっては、すべてがちんぷんかんぷんだった。

二個目のゲームは、いろんなものがのっているお皿を十秒間ぐらいじっくり見たあと、そこにあったものがなんだったのかを紙に書くというゲーム。くだらないけど、けっこう盛り上がった。ゲームで勝った人用に、賞品を用意しておくのも習慣だ。

そして、いよいよプレゼントを開けるときがきた。ひとつずつソフィアとザックが開けていき、それはうれしそうな二人だった。みんながいちばん驚《おどろ》いたのは、ザックのおばあさんが持ってきたピンクの毛布だ。二人はまだだれにも生まれてくるのは女の子だとは言わなかったから、私たちも黄色っぽい歩行器にしたけど、おばあさんは「女の子」という予感がしていたのだそうだ。びっくりだ。

リズはお母さんと二人で仕上げたというパッチワークの赤ちゃん用ブランケットをプレゼントした。色がとってもきれいで、手作りというのはやっぱり最高のプレゼントだと感じた。

こうして、帰りのソフィアとザックの車の中は、みんなからの贈り物でぱんぱんになった。みんなで心待ちにしている赤ちゃんの誕生は今年の終わりころになりそうだ。今からものすごく楽しみにしている。

親友メーガンのネズミの話に大ウケ

この春、いっしょに日本へ行ったメーガンは、体が大きく、青い目をしたブロンドの女の子だ。大きな声でしゃべり、底ぬけに明るいところなど、いかにもアメリカ的な女の子という感じだ。

メーガンとは高校のときからの友達で、アクセサリー好きの私たちは最初から気が合った。高校一年の数学のクラスではいつも二人でいっしょに座り、ときにはビーズでアクセサリーなどを作りながら授業を受けたりした。ミセス・ヘイというやさしい先生だったが、今考えれば、私たちにずいぶん甘《あま》かったよ。あのころの数学は中学の復習程度ですごく簡単だったせいもある。

今、メーガンは私と同じ大学に通っていて、彼女《かのじょ》は毎日のようにうちに遊びにきている。午前中は、大学の授業に出て、午後は私のうちに来て本を読んだり、おしゃべりをしたりして、夜になると自分の家へ帰っていく。

私は、いやなことははっきりいやだとズバズバものを言うメーガンの、さっぱりとした性格が好きだ。海辺で人目を気にせず、水着に着替《きが》えちゃうような男の子っぽいところもおもしろいと思う。

サンディエゴの町で生まれ、育ったせいか、都会的なセンスの持ち主でもある。アクセサリーはいつもしゃれたものを身につけている。これは、彼女のお父さんがアクセサリー好きなせいかもしれない。昔、オートバイに夢中だったという彼《かれ》は、耳にはピアスをつけ、自分の家系の出身地であるスコットランドの紋章《もんしょう》がほどこしてある指輪をはめ、口ヒゲをはやしているというクールなお父さんだ。

そういえば彼女の両親は、パーティー好きなメーガンのために、高校生のとき百人ぐらいの友達を呼んで、派手なバースデーパーティーを開いたこともあった。

彼女は、今でもパーティーが大好きだが、勉強もよくできる。本をたくさん読んでいるから、知識もいっぱいある。『ナショナルジオグラフィック』という世界の地理や民族を紹介《しょうかい》する、アメリカの一流雑誌を定期購読《こうどく》していて、うちに来るときはいつも持ってきてくれる。「私もこんなところへ行って冒険《ぼうけん》をするんだ」と言ってはりきっている。ちなみに、今彼女はアマゾンの先住民に夢中だ。

メーガンのおかげで、私も本好きになれた。夏休みに入ったこの数週間の間に、私はもう五冊もの本を読み終えた。ひと昔前まで、マンガしか読まなかった私からは、ちょっと想像もつかないことだ。このごろは、知りたいことがあると、本を読みたくなる。

メーガンは自分が読んでいる本について、よく話をしてくれるし、おもしろい本を私にすすめてくれるので読んでみようという気になるんだ。
彼女は子どもが好きで、高校のときから同じ保育園でアルバイトを続けている。子ども用の本を自分で買って、読んであげたりもする。そのせいか、人に話をするのがものすごくうまくって、みんなを大笑いさせるのが得意だ。
この間、メーガンが話してくれたネズミの話は大うけだった。彼女が自分の部屋にひとりでいるときに、「チューチュー」とかわいいネズミの声が壁《かべ》のむこうから聞こえてきた。ミッキーマウスのようなかわいいネズミ一家がいるのかなあ、見てみたいなと想像したそうだ。しばらくたったある夜、帰宅して部屋の明かりをパッとつけると、なんと自分のベッドの上にドカンと巨大《きょだい》なドブネズミがいたのだった。ネコほどの大きさで、メーガンは恐怖《きょうふ》でギャーギャー叫《さけ》んだそうだ。

アメリカには「ラット（rat）」と言われる大きなネズミがいるけれど、メーガンも見たことがなかったから、ほんとうにびっくりだったんだ。その後、お父さんが部屋のあちこちにネズミ取りをしかけたが、もう自分の部屋《へや》では寝《ね》ないと言っている。

彼女は、私の父が大好きで、アメリカに父が来るのをいつもとっても楽しみにしている。自分のよき先輩《せんぱい》として尊敬している。そんな父の影響《えいきょう》を受けて、専攻《せんこう》は「人類学」にしたと言っている。そして、食べ物がおいしくって、かわいい洋服や小物がいっぱいの日本に、また行きたいとも言っている。

久々にネイトに会える！セコイアの大木の森へ

三か月という長いはずの夏休みは、サマーセッション（短期間で単位をとるための夏期講座）に通ったおかげで、今年はたった一か月の休みになってしまった。それでも一度ぐらいは、どこかへ旅行に出てみたくなり、ネイトの家にコーディと遊びに行くことにした。彼《かれ》は今、オレゴン州に近いカリフォルニア北部にあるセコイア（redwood、スギ科の常緑高木）の森に、一軒家《いっけんや》を借りて住んでいる。家のそばには川が流れ、とてもきれいだからぜひ遊びにくるようにと、前から誘《さそ》われていたのだ。

夏休み中とあって、カリフォルニアのフリーウェイは昼間は大渋滞《だいじゅうたい》していると聞いたので、夕方七時ごろサンディエゴを出発した。最初の五時間は私が運転し、残りの五時間はコーディが車を走らせて、やっとネイトの家のあたりに到着《とうちゃく》した。ところが、山道で道に迷ってしまった。ネイトが言っていた、「川を渡《わた》り右に入る」というのがいったいどの川なのかわからなくなってしまったのだ。川は十本ぐらいもあったのだ。ぐるぐる回ったがついにあきらめ、町まで戻《もど》って公衆電話からネイトに連絡《れんらく》し、ようやくたどり着くことができた。

ネイトの家はたったひと部屋《へや》しかない家だ。トイレのある奥《おく》のほうは、なんとなく傾《かたむ》いているようで、歩くとフラッとよろけそうになった。そんな小さな家だけれど、建っている場所がすごい。セコイアの森の真っただ中にあるのだ。「redwood」という名のとおり、赤っぽい木肌《きはだ》をした巨木《きょぼく》で、空に届くのではないかと思うほどの、ものすごい高さの木々だ。百メートル以上にも生長するものなのだそうだ。

川にはカヌーをこぐ人も見える。まわりには赤い実のラズベリーがたくさんなっている茂《しげ》みもある。コーディがほんとうになっているのを見るのははじめてだと言いながら、「おいしい、おいしい」とつまんで、「明日の朝のホットケーキに入れてみる」と大はりきりしていた。

この地域は、昔から開発されることなく、手つかずの自然が守られている。百年前の町の写真を見せてもらったけど、その光景はさっき見た町とまったく同じなのだ。アンティークの店とかレストランなどが今でもそのまま残っていた。まるで百年という時間の流れが止まっていたかのような不思議な場所だ。

少し仮眠《かみん》をとってから、この辺を探検することになった。私は前からバックパッキングにあこがれていたのでワクワクだった。必要最小限の食料、水、寝袋《ねぶくろ》などを背負って目的地まで運び、自分でかついできたものを食べ、キャンプをするのはすごいことだと感じて

いたのだ。
　ネイトにとってもはじめてのバックパッキングで、新しいバックパックをそろえた。水や寝袋などはみな各自で持ったが、いちばん重いテントはコーディが運んだ。私たちはみんな山登りの初心者なので近くの簡単なコースを選んで出発した。
　しかし、恥《は》ずかしいことに私はすぐにダウンしてしまった。荷物を背負って山道を登るということがこんなにたいへんだとは夢にも思わなかったのだ。心臓が破裂《はれつ》するかと思うほどバッコンバッコンとすごい音を立てていた。でも少し休むとすぐになおったので、何度も休憩《きゅうけい》をとりながら登っていった。

セコイアの森って、ほんとうに恐竜《きょうりゅう》が出てきそうな雰囲気《ふんいき》がある。なにしろ、二億年以上前から地球上に生えていたということだから、きっと恐竜の時代の森もこんな感じだったのだろう。映画『ジュラシックパーク』はこういうセコイアの森で撮影《さつえい》されたそうだが、それを想像させるようなシダの葉やコケ、それにめずらしいきのこも見つけ、私たちはそれらを注意深く観察しながら楽しんで歩いた。

三時間ほどで頂上に着いた。青い海や、まるであの『グーニーズ』の海賊《かいぞく》が潜《ひそ》んでいそうな岩場も見えた。きれいな景色《けしき》に見とれていたら、どこからともなく霧《きり》がでてきて、気温が急激に下がりはじめたので、あわててジャケットを着こんだ。夕ご飯の担当《たんとう》は私だった。コンロでお湯を沸《わ》かして準備をした。献立《こんだて》といっても、ただパック入りのご飯とパックカレーを温めるだけのものだ。カレーには、スライスしたリンゴとレーズンを入れてアレンジしてみたけどね。

翌日の朝ご飯もカップヌードルと、これまた私の料理はすべてインスタントだ。でも、さすが日本のものはおいしいと喜んでもらえたのでよかった。

下山してネイトの家でひと休みしたあと、今度は世界一大きな食虫植物園が近くにあるというので行ってみた。父と同じく私も食虫植物にはいつも興味を抱《いだ》いていたのだ。あの静かな植物が虫を食べるのだから、考えるだけでワクワクしてくる。私はそこでピッチャープラントという、水差しに似た捕虫袋《ほちゅうぶくろ》をもつ食虫植物を買った。旅行から帰って、トマトのスライスを捕虫袋のふちに置いてみたところ、ハエがやってきて、うまいぐあいに袋の中に入りこんだ。ちょっと残酷《ざんこく》かもしれないけれどハエがジタバタしているのを私は興味をもって観察した。この世の中には、じつに不思議な植物が存在《そんざい》するものだ。

ネイトとは数か月ぶりに会ったけど、ぜんぜん変わっていなかったので安心した。今は大学院で教育の勉強をしている。田舎《いなか》はのんびりしていて最高だけれど、やっぱり仕事がなくって困っているとも言っていた。もしかしたら、またサンディエゴに戻ってくるかもしれない。

今回の旅行で私は念願のバックパッキングが体験できて満足だった。何度か経験していくうちに要領がわかっていくものだと思う。料理ももうちょっとグレードアップしたものを作れるようになりたいものだ。

あのおそろしい九・一一から二年がたった

新学期が始まって二週間が過ぎ、山のように出ている課題で頭がいっぱいになっていたある朝、ラジオをつけると、今日はあの九月十一日からちょうど二年目にあたるので、どこかでまたテロリストによる攻撃《こうげき》があるかもしれないと、警察官がピリピリしていると話していた。そうか九月十一日か、と思いながら学校に着き、一時間目が終わり、二時間目の美術のクラスで使うものを取りに車に戻《もど》ろうとしたら、駐車場《ちゅうしゃじょう》全体に立ち入り禁止の黄色のテープがはりめぐらされていた。何か事件が起こったに違《ちが》いない。ポリスカー十三台と、十人ぐらいの警察官も立っている。爆発物《ばくはつぶつ》らしいものが駐車場にあると、みんなが話をしていた。

私は何もすることができないので、しばらくそこで様子を見ていた。そばの学生に話を聞くと、今朝、駐車場の電灯の下あたりにあやしい段ボール箱があるのを学生が見つけ、警備員に連絡《れんらく》したのが騒《さわ》ぎの始まりらしい。

そのうち、いよいよ本物のボム・スクワッド（bomb squad）が到着《とうちゃく》した。警察の爆弾《ばくだん》

処理《しょり》専門の部隊だ。三十人ほどの消防隊員やＦＢＩのジャケットを着た人たちもやってきて、騒ぎもいよいよ本格的になってきた。スクワッドは、爆弾処理専用ロボットをトラックから取り出した。いよいよ作業が始まるのかと期待していたら、私たち「やじうま」は、この場所から離《はな》れるように言われてしまったので、そのあと、どう作業を進めたのかわからない。が、けっきょくそれはただの段ボール箱だったらしい。それにしても、たったひとつの箱のことで、アメリカ人がこれほど

神経質になってしまうとは。九月十一日の衝撃《しょうげき》がいかに大きかったのか、改めて思い知った。

あの日、あの朝のできごとは、アメリカ人なら一生覚えているに違いない。どのようにして、そのニュースを知ったのかとか、そのときまわりにどんな人がいたかなどが、鮮明《せんめい》に記憶《きおく》にきざまれているのだ。

私はどういうわけか、その朝とんでもなく早く起きて、六時ちょっと過ぎにテレビをつけた。そして腰《こし》が抜《ぬ》けるくらいびっくりした。どのチャンネルも同じ画面を映していたのだ。飛行機のような物体が、ニューヨークのシンボル、ツインタワーにつっこんでいる。

私は急いでルームメイト全員をたたき起こした。みんなは、「どうせたいしたことでもないのに、ミッチーひとりが興奮して騒いでいる」とむくれた顔をして出てきた。

そして、テレビの画面を見て声も出せないほど驚《おどろ》いたのだ。「信じられない！」「なんとおそろしい事故が起きたものだ！」と言い合った。そうしているうちに、画面の隅《すみ》に飛行機のようなものが見えたと思ったら、それもまたタワーにつっこんだではないか。全員、「これは事故なんかじゃない！」と叫《さけ》んでいた。

この日、すぐに政府関係の施設《しせつ》はみんな閉鎖《へいさ》となり、私の大学も州立なので休校となった。ショックをかくせない近所の人たちは、外の通りに出てきて、「なんというおそろしいことが起きたのだ」とおたがいになぐさめ合っていた。

そして、この日から、アメリカ人の愛国心は異様に盛り上がっていった。黒人やアジア系、メキシコ系のアメリカ人よりも、白人の間でその愛国心はずっと強い。中近東系の人は身に危険を感じるほど嫌《きら》われるようになった。私の友達のインド人は、歩いていたら若者の車が近づいてきて、顔や体に小銭を投げつけられ、ひどいことを言われたと悲しそうに話した。なんというひどいことをするのだろう。

アメリカはこれまで、ハワイ以外は自国の本土が攻撃《こうげき》を受けたことがなかったので、ショックと怒《いか》りと悔《くや》しい気持ちでいっぱいなのだ。とにかく頭にきていて、何か仕返しをしなくてはいけないと感じているのだ。アメリカ人は大きな女の子同士でも、人前で取っ組み合いのけんかをするほどに激しやすい。この事件によってアメリカは、やられたらやり返す、暴力には暴力をという強硬派《きようこうは》となってしまったのだ。

アフガニスタンで戦争をし、今度はイラクだ。次から次へと戦争をしかける国となってしまった。アフガニスタンは戦いでボロボロとなり復興がとても遅《おく》れていると聞いた。よその国がどういう状況《じようきよう》になっているのかということが、アメリカ人にはよく伝わっていないのではないかと、私は思うんだ。ブッシュ大統領は、イラクに核爆弾があるとか大量殺人兵器があるとか言っていたけれど、それはけっきょく見つからなかった。そして、いつの間にか、「イラク人に自由を」とかいうスローガンに変わってしまった。アメリカがドイツや日本を解放し、平和なよい国にしてあげたように、イラクにも助けの手をのばし、アメリカの友達の国にしよう、とか言っている。

これはメディアにも責任がある、と私は思う。イラクを攻撃しているときに映し出される画面は、いつも無人のような建物にボーン、ボーンとミサイルが的中するといったシーンで、まるで花火が上がるような無機質な画像ばかりだった。その建物のまわりにはたくさんの一般人《いっぱんじん》がいて血を流していたかもしれないけれど、そういう映像はもちろんなかった。戦争をしている国には、真実は伝わってこないのだ。

ところが、インターネットで外国のニュースを見ると、ケガ人の様子が映し出されてくるので、その生々しさにショックを受けたりする。

だから、イラク安定のためにとアメリカがいくらお願いしても、ヨーロッパが参加しないのは当然だと思う。

アメリカの兵隊は、毎日死んでいる。そして、イラク人も同じだ。ケガをして痛い思いをしている人は数多くいるはずだ。そういう人の話や姿はいっさいテレビには出てこない。私たちは完全にコントロールされているのだ。日本の自衛隊もイラクに行ったら、いつかきっと同じことが起こるはずだ。

この前、テレビで広島、長崎《ながさき》の原爆《げんばく》の特別番組があって、「アメリカがしたのは必要のないことで、ひどい間違《まちが》いだった」とコメントをする人がいた。どんな戦争も正当化されることは、けっしてないと、私は思う。このイラクに対する戦争も、何年後かには、アメリカがいかに愚《おろ》かだったかと、歴史が証明するに違いない。

ペット大好きの私でも、カメレオンはもう飼わない

私は大の動物好きだ。小さいころからパパとカエル取りに夢中になったり、近所のおじさんが救助したカラスやヒヨドリの赤ちゃんをいっしょにかわいがらせてもらったり、インコやブンチョウのヒナを何度も買ってもらっては、手のりに育ててよく遊んだものだった。

アメリカに来てからも、そのころいっしょに住んでいたおじいちゃんと外に出ると、立ち寄るところはいつもペットショップと決まっていた。ある日、私は、お店でカメレオンという超不思議《ちょうふしぎ》な生き物を目の前にして、ものすごいショックを受けた。こんな動物がこの世にいることも感動的だったし、お金を出せば自分のものになるなんて、とても信じられなかった。

ミトンのような形の手、おどおどしたようなゆっくりした動作、顔は前を向いているのに、目だけは後ろに動かせたり、ピョロリと舌を長くのばしてエサを捕《と》ったり、すべてがユニークだ。私はすっかり心をうばわれてしまい、その年のクリスマスプレゼントにはカ

メレオンをもらって、数年間ペットとしてかわいがった。

その後、大学に入ってからもまたカメレオンの赤ちゃんを飼いはじめたが、残念なことに逃《に》がしてしまった。

カメレオンは私の絵の中にもよく登場するけれど、私にとってカメレオンから受けた芸術的インスピレーションが、今でも大きなものであることは明らかだ。

こんなペット好きの私が長年夢に見ていたのは、やっぱり犬だった。日本では、団地住まいだったので、犬はむりだったから、アメリカに家族が来てからは、すぐに犬を飼いはじめた。

私がまだ三、四歳《さい》だったころ、サンフランシスコの近くに住んでいたことがあった。そこでは、海岸のお店にいたやさしいゴールデンレトリバーに、毎週父と会いに行くことが、いちばんの楽しみだった。

去年の夏、父が二十年ぶりにそのお店に行って、「昔、よく娘《むすめ》とここの犬に会いにきたものだった」と話すと、「よく覚えているよ。あれから、君たち、日本に引《ひ》っ越《こ》したよね。あのノーマルは、ほんとうにいい犬だった」と、私のことも思い出してくれたそうだ。

だから、私は犬を飼うのだったらゴールデンと決めていた。我が家に来たころ、まだ子犬だったクマはなんでもかみたがるあばれん坊《ぼう》だったが、今はもう八歳を過ぎ、顔も真っ白になって、寝《ね》てばかりの穏《おだ》やかな、ちょうどあのころのノーマルとそっくりになった。

ふだんは、オーシャンサイドにいる母と弟のところにいるクマだが、夏休み中は私のところに遊びにくる。これを私はクマのバケーションと呼んでいる。私のところは人の出入りも多く、みんなにかわいがってもらえるので、クマもおもしろいらしく、私がむかえに行くと大喜びで車に飛び乗る。

今年の夏は、オーシャンビーチにあるドッグビーチという犬専用の海辺に毎日連れていった。そのおかげで、クマはレギュラー組に仲間入りができ、みんなに名前を覚えてもらうことができた。

カリフォルニアには、犬を放し飼いにしてもいい、特別なビーチがあちこちにあって、なかなかすごいことだと思う。オーシャンビーチのドッグビーチ入り口には、青いペンキで巨大《きょだい》な犬の足跡《あしあと》が描《えが》いてある、八メートル四方ぐらいのでっかいコンクリートが地面にあったりして、いかにもここからは、犬の海岸になりますよ、と伝えているようで楽しい雰囲気《ふんいき》だ。海辺には、犬専用の背の低い大きな水のみ場があったり、ウンチ取り用のビニール袋《ぶくろ》が入った箱も十か所くらい用意されていて、便利で助かる。

クマは車から降りるといつもうれしくって、グルグル回ったり、ほかの犬を追いかけはじめる。大きなグレートデーンやコリー、ビーグル、柴犬《しばいぬ》のような犬など、ありとあらゆる種類の犬が自由に海に入ったり、だれかが投げるテニスボールや枝を追いかけて、争って海に入ったりして遊び狂《くる》っている。ここは、もう犬のパラダイスだ。それに、つながれていない犬が自由に走り回るのを見ることは、人間の私たちも、スッキリして気持ちがいい。

クマはどんな犬も大好きで、いつもしっぽを振《ふ》っている。けんかをするような、凶暴《きょうぼう》な犬はここにはまず連れてこないから、どの犬もフレンドリーだ。

ある日、私はサーフィンをする犬を見てびっくりした。このドッグビーチには実際、人間のサーファーも多くいるのだけれど、このマックスという小型の犬、自分専用の小さなサーフボードにちょっこり乗っかって、飼い主の若い男の子が波がきたときにボードを放すと、スーと気持ちよさそうに波に乗っているといううめずらしい犬なのだ。

こうしたドッグビーチの近所には、ちゃんと犬を洗ってくれるお店もあったりする。オーシャンビーチにも、九ドルでシャンプーをしてくれるところがある。クマはいつも私が洗うけど、このお店の前に来るとクッキーをもらえるので、大喜びしている。

ところで、ペットとしてヘビを飼っているアメリカ人はめずらしくない。以前、ルームメイトのデイビッドがパイソン（ニシキヘビの仲間）という種類の大きなヘビを飼っていた。最初のころは、小さな白いネズミをペットショップで買って与《あた》えていたけど、体が大きくなると、エサも三倍ぐらい大きな白いネズミとなった。これをたまに食べさせるのだけど、エサをあげるときは電話で友達を呼んだりして、みんなでその様子を観察することにしていた。ヘビがまず、ネズミにかみつき、体を巻きつけてから、ガブっと丸飲みする。かなり残酷《ざんこく》なドラマだ。

このパイソン、名前をフランシスといったが、もとはデイビッドの友達のものだった。あるとき、逃《に》げ出《だ》して姿を消してしまい、その後一年たって、みんなもそのことを忘れかけたころ、デイビッドがたまたま彼《かれ》のアパートに留守番でいたとき台所からヒョッコリ現れたそうだ。一年間も何も食べずに生きていたなんて、すごいと思う。

ペットのいる生活って、心がなごんでいいよね。でも、今では違法《いほう》に輸入されることの多いカメレオンを飼うことはもうやめよう、と私は考えを変えた。それに、自由に飛びたいだろうと思わせるから、鳥も飼うことはないだろう。何百年も、人間の友となっている猫《ねこ》や犬には、やっぱりペットとしていつもそばにいてほしい。

たいへん！ カリフォルニアが大火事に！

二〇〇三年十月に南カリフォルニアで歴史始まって以来の大火事が起きた。ここから北に向かって時速一〇〇キロで三時間も走ったところにある、私のおばあちゃんが住む町シミ・バレー（Simi Valley）からこのサンディエゴまで、山側のあちこちから火事がほぼ同時に発生して何日も燃《も》え狂《くる》った。

私がその火事に気づいたのは日曜の朝だった。目が覚めて、空を見たら地獄《じごく》のようにぼやっと暗いオレンジ色をしていた。地面を見ると、一面灰でおおわれている。何かあったのだ、とあわててテレビをつけると、どのチャンネルもブレイクニュース（緊急《きんきゅう》ニュース）を放送している。

「ここサンディエゴで、家が次から次へ燃えている！」とアナウンサーが叫《さけ》んでいた。火の力が強すぎてとても手のつけようがないと、消防士がただぼうぜんとつっ立っているではないか。「こんなすごい火事は今まで見たことがない。まるでモンスターのようだ」と彼《かれ》は言い、涙《なみだ》まで浮《う》かべている。避難《ひなん》命令もあちこちの地域に出されていた。フットボール球場や教会、学校などへ一時避難するようにと指示しているのだ。私のところはまだだいじょうぶだ。

火事も気になるが、私は一か月も待っていたビーズの即売会《そくばいかい》に、この日はぜひとも行かなければならないと思った。世の中がパニック状態《じょうたい》になっていても、こういうのをあきら

められないのは私の性分なのだ。友達と二人で車に乗り、高速道路を走り出したところで驚《おどろ》いた。道路が車でうまっているのだ。ほかの高速道路は火事で閉鎖《へいさ》されていて、通れる道はこの海沿《うみぞ》いだけになってしまったからだ。いつもなら二十分で行くところが、二時間もかかって、なんとか目的地に到着《とうちゃく》した。

さすがにこんな日にビーズなど見にきている人はまったくいない。体育館のような会場はガラーンと静まりかえっていた。それでも、私はとてもめずらしいチベットのものだとか、化石のようなものなどを手に入れることができ、たいへんな思いをして来たかいがあったと満足した。

帰り道では、近くの山々が火で赤くなり、炎《ほのお》が上がっているのも見えて驚いたが、まさかそれから何日も燃え続けるとは想像もできなかった。そして、車の中でラジオをつけると、明日はサンディエゴ中の学校はもちろん会社までも消火活動がしやすいように休みになるというではないか。私は思わずヤッターと叫んでしまった。ちょうど宿題もたまってきていたところだったのだ。

それだけでない。地元のフットボールチームの試合が七年ぶりで全米中継《ちゅうけい》される予定だったのも火事の影響《えいきょう》で中止となり、スポーツファンはだいぶがっかりしていると言っていた。火事で球場が避難所になった今はそれどころではないはずだ。

翌日になり、火は消えるどころかもっと拡大してしまった。私の元ボーイフレンドのジヨーイの家は火に近いので、車に荷物を積んでお母さんといっしょに避難するところだと言ってきた。シミ・バレーのおばあちゃんは、買ったばかりのクリスマスプレゼントを車に運び逃《に》げる準備をしたと、電話で話していた。空は煙《けむり》で真っ暗になり、地面は灰で黒くなってしまったと興奮している様子だった。

けっきょく、この火事は約一週間も燃え続け、サンディエゴだけで千八百軒《けん》もの家が焼け、消防士ひとりを含《ふく》む十四人の人が亡くなるという大惨事《だいさんじ》となってしまった。このあたりの気候は乾燥《かんそう》しているため、毎年どこかで山火事は起きているが、今年はついに消すことができないほどの大火事になってしまった。思えば今年はいろいろなことがいつもと違《ちが》っていた。十月中旬《ちゅうじゅん》だというのに、日中の気温は三十度の日が続く異常な天気だった。百八十日間も雨が降らなかったし、海から吹《ふ》くはずの風がちっとも吹かず、逆にサンタナと呼ばれる砂漠《さばく》からの熱風が数日間吹いた。私のくちびるはパサパサに乾《かわ》き、なんとなくどこかで火事が起きる予感を感じていた。そして、その予想は当たってしまったのだ。

ここで起きた火事は、数か所から同時に始まったのだが、その原因のひとつはハンターがつけた発煙筒《はつえんとう》によるものだったらしい。道に迷ったハンターが自分の位置を知らせるために火をつけたのだ。それを消防がほうっておいたために燃え広がってしまったのだ。いつもだったら、これで平気だったのかもしれないが、今年は悪条件が重なっていた。しかも、ここカリフォルニアにはオーストラリアから持ちこまれて大繁殖《だいはんしょく》したユーカリの木がいっぱいある。コアラの大好物ユーカリはとても乾いている木で、火事になると次から次へと火が飛んで燃え広がることで有名だ。本来ならこの木を切って数を減らしているのだけれど、今カリフォルニアは財政難で、切らないでいたことも火事を大きくした原因となったようだ。

この火事のおかげで、サンディエゴ中の学校や会社は翌日もその翌日も休みとなり、火事が下火になるまで、なんと一週間もみんなぶらぶらと家にいることとなってしまった。私が働くおすし屋さんは連日大盛況《だいせいきょう》となり、酒屋もビールなどが飛ぶように売れたそうだ。みんな予定もしていなかったヒマをもてあましてしまったのだ。

おかしかったのは、この火事のとき、町を歩くアメリカ人がマスクというものをはじめてしたことだ。花粉アレルギーになっても、マスクをかけたことのないアメリカ人が、このときは空気中にどんな体に悪い化学物質が飛んでいるかわからないからと、鳥のくちばしのような三角形のマスクをしたのだ。

それから、この火事で改めて知ったことがあった。それは目の前に困っている人がいると、アメリカ人はすぐに助けにいくということだ。避難所となっている球場や学校は、何千人ものボランティアをしたい人であふれた。内科医、精神科医、看護師などももちろんかけつけたけど、人々の心をなごませるためにと、ピエロのかっこうをしてやってきた人などもいた。最前線でがんばる消防士にピーナッツバターサンドを作る大人や子どもたち、寄付のピザを現場まで届ける人たちなど、すぐに行動を起こすのは、この国のほんとうの強さだと感じた。それだけではない。企業《きぎょう》やスーパーなども、焼け出された人々にとオムツ、下着、ソックスなどの衣料品や大量の食料の寄付を続けた。ホテルも部屋《へや》を格安で提供したり、キャンピングカーの会社も無料で貸し出すところもあった。

私は、ときどき自分が火事にあう悪夢を見ることがある。パニック状態におちいった私が、窓から次から次へものを投げ出しているというおそろしい夢だ。すべてが灰になってしまう火事って、やっぱり怖《こわ》いことだと思う。

それでも、今回焼け出された人たちは、もう一致《いっち》団結《だんけつ》してもっときれいな、もっと火事に強いコミュニティを作ろうと、テレビで言っているのを見た。がんばって立ち上がってほしい。

車社会アメリカが変わりはじめた

アメリカではずいぶん長いこと、ガソリンは一ガロン（約三・八リットル）一ドル五十セントぐらいの値段だった。ところが、イラクとの関係がまずくなって、急に二ドル五十セントになり、今も上がり続けている。これでは一回入れるたびに三十ドル、ひと月で軽く二百五十ドルにもなる。もう、真っ青だ。

アメリカは車社会なので、ガソリン高は深刻な問題だ。家からダウンタウンまで車なら十分のところを、もしバスで行くとしたらぐるぐる遠まわりして、一時間以上もかかってしまう。日本だったら、電車が網《あみ》の目《め》のように走っていて、どこへでも時間どおりに、わりと安く行ける。この便利さには日本にいるとなかなか気がつかない。みんな当たり前のことだと思っているが、じつはすごいことなんだ。子どもでもお年寄りでも、だれかに頼《たよ》ることなく自由に行くことができるからね。

アメリカでは、都市以外はみな車で移動するようにできているから、歩行者にとってはたいへんだ。八車線ぐらいもある横断歩道を渡《わた》るだけでもたいへんだし、ショッピングセ

ンターは巨大《きょだい》な駐車場《ちゅうしゃじょう》を歩いてつっきらないと店にも入れない。ショッピングモール以外は、店同士も遠く離《はな》れているから不便でしょうがない。

私が小学校を卒業してアメリカに来て、すぐに気がついたことは、ひとりではどこへも行けなくなってしまったということだった。友達の家に遊びに行くにも、ノート一冊買いに行くのでも、いつもだれかに頼《たの》んで連れていってもらわなければならない。

日本にいるときには、ひとりで二時間ぐらい電車に乗っておばさんのうちに行くことも、東京にビーズを買いに行くことも、バスに乗ってプールの教室に行くこともできた。近くのスーパーになら歩いていくことだってできた。ところが、アメリカに来てからは、自由時間は家にいてマンガを読む以外、たいしたことはできなくなってしまったのだ。

だから、十六歳《さい》になって運転免許《めんきょ》がとれたときは、「自由への切符《きっぷ》」を手に入れたような気分で、最高にうれしかった。学校の帰りに友達の家に寄って遊んだり、アイスクリームショップへ行ったり、映画を見たり、やっと足が生えたように思えた。ところが、それと同時に車に対しての責任もいろいろとついてきた。たとえば、ちょっとした車のへこみを直すだけでも何千ドルものお金がかかる。長い距離《きょり》を走るので、メンテナンスもしょっちゅうしなければならない。アメリカ人は、お父さんが車の修理をしているのを見て育っている子が多いから、自分でもけっこう直せるらしい。インターネットでタイヤを注文して交換《こうかん》したり、オイルもメーターも自分でチェックしているし、車が煙《けむり》を出したりしていると、どこが悪いはずだというのがわかる。車とは切っても切れない生活がずっと続いているからだ。車が生活の必需品《ひつじゅひん》になっているんだ。

そんなアメリカ人が、ここへきて考え方を変えはじめている。ガソリン代が日本とは比べものにならないくらい安かったころには、あまり深く考えもしないで、超《ちょう》大きな車を買いまくっていたのだが、今はトヨタが開発したようなハイブリッドの小型車が注目を浴び、一年以上の予約待ちだと聞いた。政府も、公共の交通機関を作る計画を検討しはじめた。

今、高いガソリン代を払《はら》うのはきついけれど、長い目で見ると、アメリカ人にとっても、環境《かんきょう》にとってもけっして悪いことではないと、最近、私は気がついた。同じ方向に行く何人かの人が一台の車に乗り合う「カープール」も増えてきたし、なるべくまとめて用事をすませることで車を使う回数を減らすことは、だれもがしはじめている。世の中の車の数が減れば、空気もきれいになる。

私の大学構内にも、トロリーと呼ばれる昔の都電のようなバスの駅が二つもできることになった。これがうまく運行されるようになれば、大学内で駐車場を見つけるのに苦労することはなくなるだろう。

私は日本のように、車がなくてもなんとか生活できるような社会のほうが好きだ。アメリカでは、車のローンや保険が家賃と同じくらいの負担になったりもする。年をとって、目が悪くなったりして運転ができなくなったら、お医者さんに行くにも困ってしまうだろう。

私のおじいちゃんは病気になったとき、医者が本人に何も知らせずにＤＭＶ(Department of Motor Vehicles：免許を扱《あつか》うところ）に連絡《れんらく》をして、免許を停止されてしまった。そのことで、おじいちゃんはものすごいショックを受けた。アメリカ人にとって免許証がないということは、一人前の人間ではないというくらいの意味があるのだ。車が運転できないということは、小さな子どもか、犯罪をして免許を取り上げられた人のようなものだと考えてしまうのだ。人を助けることが好きだったおじいちゃんは、これからはどこに行くのにも人の世話にならなければならないのが、悔《くや》しかったに違《ちが》いない。

とはいっても、目がよく見えなくなったり、反射神経が衰《おとろ》えたお年寄りが運転することで、ほかの人も事故にまきこまれるおそれがあるから、医者とＤＭＶが連絡を取り合うのはしかたのないことなのかもしれない。

日本のおじいちゃんとおばあちゃんは八十歳をとっくに過ぎても、自転車に乗ったりして元気にしていた。よく歩くことは健康にとってもいいんだ。それに、車に乗っていると見えなかったもの、木や花なども目に入るようになる。

歩いて行けるところに会社があったり、お店があったりするような小さなコミュニティづくりがアメリカでも始まっていると聞いた。プールがあるような大きな家に住み、ガソリンをたっぷり食うＲＶ車を持つ生活を、アメリカ人は見直しはじめたのかもしれない。

Part 4 卒業まで、あと少し

メタルの作業場で、やすりをかけているところ。大学の設備は、いつでも好きなときに使えるんだ。

選挙や、地元でのボランティアに参加したり、
少しずつ、でも確実に大人になってきた自分を感じるよ。
卒業後はどうしよう？　そろそろ将来のことも考えなくっちゃ。

自然を愛する友人デイビッドがスイスに帰る

高校時代からの知り合いのスイス人デイビッドが、五年間の留学を終えて故郷に帰っていった。帰る前日に荷物をまとめだし、今も彼《かれ》の部屋にはゴミの山が残っている。段ボール箱二つ分ある自分が撮《と》った写真は、気に入ったものがあればあげるから、残りはスイスに送ってほしいと言い残していった。いかにもデイビッドらしい。

しっかり者のお兄さんとは対照的に、甘《あま》やかされて育ったようで、自分の身の回りのことがぜんぜんできなかった。忘れっぽいことは有名で、電話の伝言すらきちんと伝わったためしがなかった。去年の夏、私が日本に行っているときに、私のカメレオンを日なたぼっこに外に出してくれたのはよかったのだが、そのことをすっかり忘れてしまい、逃《に》がしてしまったこともあった。

そんなデイビッドは、人一倍気がやさしく、自然を愛する気持ちはだれよりも強かった。自然保護の署名運動にはいつも積極的で、みんなに強力してくれるように頼《たの》んでいた。大学では、写真を専攻《せんこう》していて、題材は木の根とか木のつたなどの自然のものが多かった。

デイビッドのことでいちばん印象深いのは、彼が、アメリカの生活様式、とくに世界の何十パーセントもの資源を使っていることや、自分たちのライフスタイルを維持《いじ》するためならよその国が犠牲《ぎせい》になってもよしとするようなわがままで大国主義的なアメリカに、いつも怒《いか》りを表していたことだ。きっと典型的なヨーロッパ人の考えなのだろうと思う。

日本の中に息づいている、生きているものすべてにつながりがあるといった、仏教的な考えには、ものすごく興味をもっていた。

ほかにも禅《ぜん》や道教など、東洋文化に関する本をたくさん読んでいた。私の父が日本から来ると、いつも質問責めにして、ノートに本のタイトルなどの聞いたことをしっかり書きとめていたっけ。

私とは、同じ外国生まれということで、どこかに親しみを感じていたようだ。アメリカ人だったらたいていは見るというスーパー・ボウルの試合の日は、おたがいにたいして試合に興味も湧《わ》かないので、いっしょに買い物をしたことなどもいい思い出として残っている。

一年以上もヒゲをそらず、髪《かみ》も長くしているので、まるでトールキンの『指輪物語《ゆびわものがたり》』に出てくる森の妖精《ようせい》「ホビット」のイメージにぴったりだった。近所の男の子に、彼はホビットだと言ったらほんとうに信じてしまったほどだ。

アメリカ人のように自分の意見をはっきり言うタイプではなく、いつもひかえめで存在《そんざい》感《かん》がうすいように思えた彼だったが、今こうして壁《かべ》に残された白黒の芸術的な写真を見ていると、とても力強い主張が感じられ、彼の言いたかったこと、自然保護への思いなどがよく伝わってくる。

今ごろ、デイビッドは大好物のチーズとフランスパンを食べてのんびりしているのかなあ。私もきっとスイスに遊びに行くからね。そのときを楽しみにしている。

コーディの故郷はテキサスの大田舎

私のボーイフレンドでもあるコーディが、五年ぶりに会うテキサス州にいるお父さんのもとで、クリスマス休暇《きゅうか》を過ごしてきた。彼《かれ》はテキサスの大田舎《おおいなか》で生まれ、八、九歳《さい》までそこで育った。しかし、その後、両親が離婚《りこん》してからは、弟といっしょにお母さんにひきとられ、高校卒業まで、オレゴン州の都市で暮らしていたのだ。

毎年、夏休みの二、三か月は、お父さんのいるテキサスで過ごした体験が、思い出として今でも強く残っているようで、私にもよくその話をしてくれる。

私は、テキサスというと、カウボーイが牧場で牛を追っているようなイメージしかなかったが、コーディの生まれたテキサス州東部は沼《ぬま》や池も多く、マツやイトスギの森林がたくさんあって、雨もけっこう降るらしい。聞くところによると、コーディのお父さんは、伝統的な狩《か》りを信じ、銃《じゅう》は使わず、弓でイノシシやシカなどを射止めるという、ちょっと変わった人のようだ。

インディアンの血が少し混ざっているためか、獲《と》った獲物《えもの》にはいつも感謝の気持ちをもち、その場ですぐ皮をはぎ、むだが出ないように、すべての肉を利用するようにといつも口うるさく言っていたそうだ。いわゆる、スポーツハンティングと呼ばれる、意味もなくただ動物を殺《ころ》すことを軽べつし、自然に対し尊敬する心が大事だとお父さんは思っているのだ。

コーディが十四歳ぐらいのとき、イノシシが群れている森に愛犬ボーと置き去りにされ、イノシシを捕《つか》まえるようにと言われたことがあるそうだ。持たされた道具は、カウボーイが持っているようなループになったロープだけだった。イノシシがコーディに向かってきてかなり怖《こわ》い思いをしたらしいが、愛犬がイノシシに立ち向かってくれて、なんとかロープだけで捕まえることができたそうだ。男は強くなければいけないとお父さんは信じ、コーディにも実地訓練をさせたのだ。

お父さんは、水道修理、溶接《ようせつ》工事、大工仕事など、なんでもするハンディーマン（便利屋）をしていて、実際に家も自分だけで造ったという実力のある人だ。そんなお父さんのもとで育ったコーディもまた器用で、何かを作ったり、直したりするのが大好きだ。最近も、収納ができるベンチや棚《たな》やフェンスをあっという間に作って、みんなを驚《おどろ》かせた。そういえば、コーディが三歳ぐらいのときにはもう、かんなを自分のおもちゃのボートにかけている写真を見たことがある。カエルの子はカエルだね。

テキサスにあるお父さんの家は、飛行場から車で二時間半もかかるとてつもない田舎に

ある。となりの州は奴隷《どれい》がたくさんいたことで有名な南部のルイジアナ、そしてミシシッピ州と続いているためか、お父さんの家の近くにも、奴隷に昼ご飯の時間などを知らせたベルがまだ残っているそうだ。アメリカの歴史を身近に感じるような話だ。

まわりの家はみな親せきだそうだ。五年ぶりに会うコーディを見て、おじさんたちは、「大人になって、落ち着いたね」と喜んでくれたとか。昔、夏休みのたびに町からやってきた彼はそうとうな悪ガキで、みんなを困らせてばかりいたらしい。お父さんの再婚《さいこん》相手は堅《かた》い人なので、態度《たいど》の悪いコーディにはとくに苦労させられたようだ。もう二十五歳になるコーディがまだ結婚《けっこん》する考えがないことを、みんな不思議に思っているそうだ。田舎では十八歳ぐらいで結婚するのがふつうらしい。コーディのおばあさんがまだ六十歳と若いのもよくわかる話だ。

お父さんとお母さんが離婚した理由は知らないそうだが、そのとき、まだ八、九歳だったコーディは長い間、自分のせいでそうなったと信じこんでいたという。コーディのいたずらがすごいことで、彼らがけんかして別れることになったってね。両親が離婚するとき、ほとんどの子どもがそう考えるらしい。かわいそうなことだと思う。もしかしたら彼のお母さんは若かったので、田舎の生活より都会を選んだことが原因だったのかもしれない。

コーディはとてもお母さん思いで、今でもよく電話をしている。去年、彼女《かのじょ》は再婚したけれど、相手がいい人かどうかずっと心配していた。結婚式で相手に会い、しっかりした人だとわかったコーディは安心して帰ってきた。離婚後は、自分がお母さんを守らないといけないと感じてきたのだと思う。

ところで、今回、お父さんと久しぶりにハンティングに行ったとき、目の前を何度かシカが通ったが、どうしても殺すことができなくて、お父さんには黙《だま》って見逃《みのが》し、何も獲らずに帰ってきたそうだ。そんな自分自身の変化に驚いている様子だ。

そして、昔以上に、お父さんが訴《うった》える自然に対する気持ちに共感できたとも言っていた。

コーディは、今、高級住宅を建てる会社でアルバイトをしているけれど、いよいよ大学で造園のクラスをとることとなった。アメリカの大学は一般《いっぱん》の人も授業を受けることができ、いいシステムだと思う。いっしょに日本へ行ったときにも浜離宮《はまりきゅう》を見に行ったんだ。日本の庭園にあるような、水の流れる庭園を造る専門家になるのがコーディの夢だ。

あこがれの展覧会
スチューデント・アート・ショー

　この春に行われる芸術学部の展覧会（Student Art Show）のことが、クラスでも話題になってきた。大学院生や先生方の作品の中に、私の作品が並べられたらそれはうれしいことだけれど、審査《しんさ》に通るにはまだ実力不足だと思っていた。そんなとき、尊敬する造形のキーリー先生が思いきって出してみたらとすすめてくれた。だめでも損することはないからやってみようかなという気になり、先生からサインをもらって造形の作品を提出することにしたのだ。

　この展覧会で展示されるには、五、六人の美術の先生の審査をパスしなければならない。この審査に通ることは、私の入学当時からの夢でもあった。友達のシェーンは三点の油絵、私は三点の造形をギャラリーに持っていった。

　私の作品は、ひとつは「思い出させる箱」というタイトルで五つのスプーンを使ったもの。スプーンの柄《え》を曲げて壁《かべ》にかけられるようにし、それぞれのスプーンに小さな箱をのせた。ペイントした箱の中には死んでカラカラに乾《かわ》いたカエルや昆虫《こんちゅう》、歯ブラシなどのガラクタを入れた。私が子どものときにパパと昆虫を採ったことや、メキシコまで歯の治療《ちりょう》に行ったことなどの思い出を表現したつもりだ。

もう一点は、三十センチぐらいのガラスのチューブ数本にまたまた歯ブラシを入れて管でつなげた作品。これは全面的にコーディが協力してくれたので、ほとんど彼《かれ》が作った作品といってもよいだろう。そして最後に、子ども用の小さな木のイスをピンクに塗《ぬ》り、その前に台を置いて、虫の標本を作る材料と虫のコレクションセットのようなものを置いた作品。昆虫に興味がある小さな女の子がチョコチョコと研究をしているようなイメージだ。

シェーンといっしょにギャラリーまで持っていくと、もう置き場所もないくらい作品でいっぱいになっていた。今年は百五十点もの作品の応募《おうぼ》があったらしい。三日後には、展示されることになった作品名が、ギャラリーのドアにはられるという。二人で名前があることを期待し合った。

そして当日、先に見にいったシェーンが興奮状態《こうふんじょうたい》で電話をしてきた。私たち二人とも、なんと二点ずつの作品名があったというのだ。うれしかった。「おもしろい」と私の作品が認められたのが何よりもうれしかった。選ばれた作品は「思い出させる箱」と「歯ブラシチューブ」だ。そして、選ばれた人は、展示期間中のギャラリー当番か、レセプションの日の食べ物当番、またはその日の掃除《そうじ》かどれかをすること、そして、三月二日五時からのレセプションには出品者全員の出席が決められていた。

展覧会初日の二月二十三日、朝十時にさっそく見にいった。大学のギャラリーは、芸術学部の学生がいちばんよく通る出入り口にあって、左右二つの部屋《へや》に分かれている。私の作品はそれぞれの部屋の入り口付近に展示されていた。ほんとうのギャラリーで、きちんと本格的に展示されたのは生まれてはじめてのことだ。作品と作品の間にスペースがたくさんあって、ライトもちゃんと作品を照らすようにセットされている。たぶん展示専門のクラスの人たちが設置してくれたものだ。私の作品もプロの作品のように見える。展示の仕方で雰囲気《ふんいき》がずいぶん変わるものだとわかった。歯ブラシチューブの作品が教室にあったときは、これほどよく見えなかったからね。うれしくなって、私は用もないのに出たり入ったりした。自分の作品がほかの人に見てもらえるというのはわくわくするものだ。

こうしてギャラリーで当番していたりすると、いっしょに展示されている助手の先生や大学院生などと話をすることができた。これは、思いもかけない収穫《しゅうかく》だった。いっしょのショーに出たということで、知り合いになれたからね。もう二年前から気になっていた有名な先輩《せんぱい》、ボビー・フィッシャーという女の人とも会えた。彼女《かのじょ》の作品は、私とセンスが似ているのだ。三十歳《さい》ぐらいで、やせていて化粧《けしょう》っけのない、感じのいい人だった。

そして、いよいよレセプションの夜がきた。私はアルバイトを休んで出席した。百人ぐらいがギャラリーの前に集まった。ここで、出品者の中から、さらに選ばれた受賞者の名前が発表されるのだ。学部長のスピーチのあと、学校が買い上げる作品などがつぎつぎ

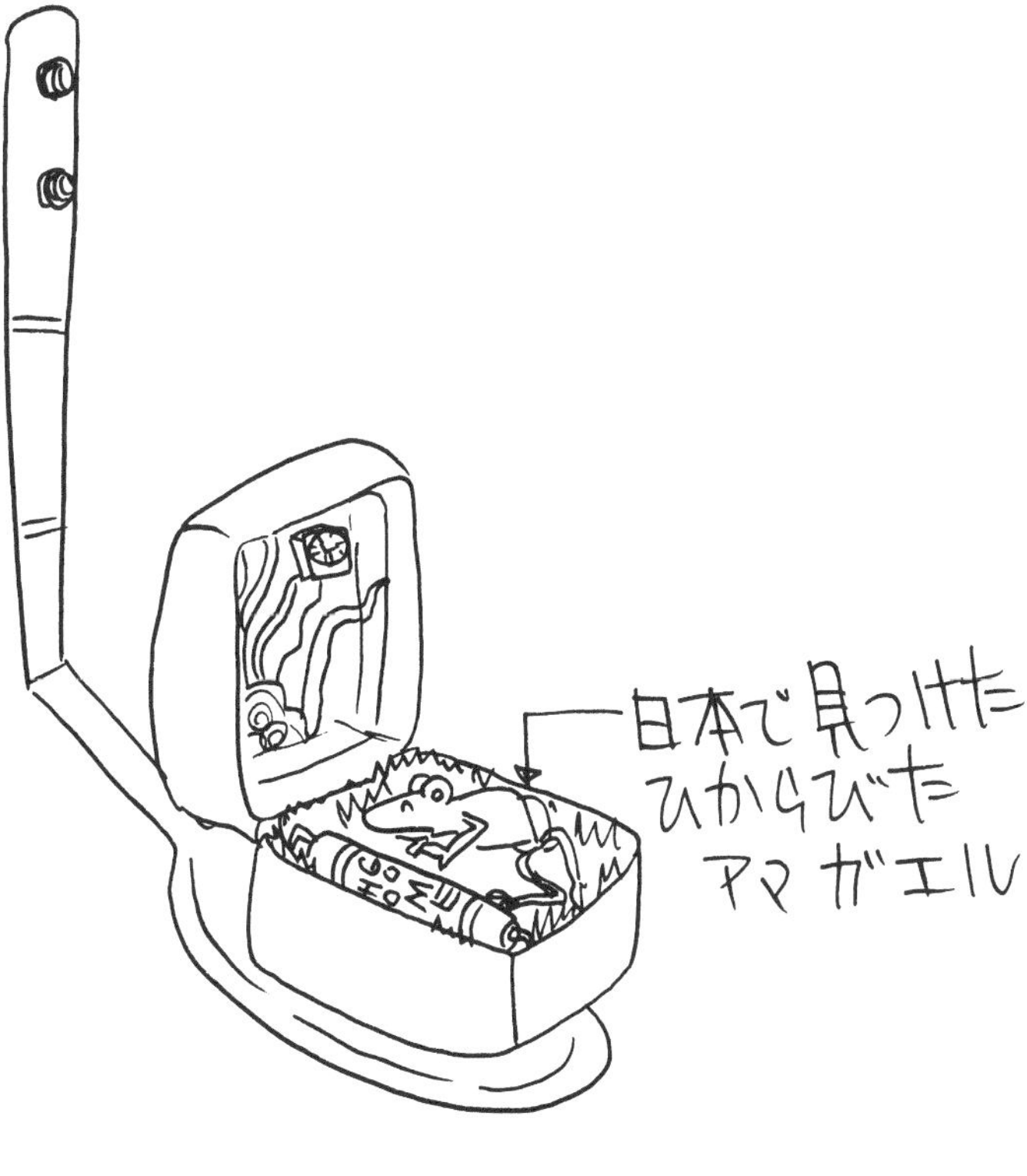

に発表された。私は後ろのほうで退屈《たいくつ》に思っていたときだった。ジョン・ロジャースという大学院の先生が私の名を呼んだのだ。信じられないことが起こった。私のあのスプーンにのっかった思い出の箱の作品が、オリジナリティーにあふれているということで、五百ドルの賞金をもらったのだ。材料は全部ゴミや虫などのガラクタなのに、こんなにもらってはなんだか悪いような気がする。

そして、シェーンの絵

も自然科学部が七百五十ドルで買い上げたことが発表された。そのとき私は思わず「キャー」と大声を出してしまった。グラフィティで腕《うで》を磨《みが》いた彼《かれ》だが、キャンバスにはマンガのキャラクターのような人物を入れ、青い色がとてもきれいだとみんなの評判も高かった。彼はレセプションのことをすっかり忘れていて、その場所にいなかった。たぶん教室にいるのだろうと思ったので、私はあわてて彼を呼びにいった。

こうして、思いがけず賞までもらうことができ、私の作品のとなりには、ちょっと恥《は》ずかしくなるぐらいの超《ちょう》でっかい、二十センチもあろうかという青いリボンがつけられた。芸術学部の友達に会うと、みんなが「ミッチー、おめでとう!」と言ってくれ、またまたうれしくなった。先生も喜んでくれて、「履歴書《りれきしょ》にこの賞のことを忘れず書いておくんだよ」と言われた。

芸術は孤独《こどく》にコツコツと作品を作り上げることが多い。シェーンとは一年生のころに知り合い、二人で励《はげ》ましながらやってきたが、今、こうして二人で同時に賞をもらうことができてほんとうにうれしい。ここまでの努力が認められた気がして、またやる気が出てきた。

イエス？　ノー？
はじめて選挙で投票した

アメリカの選挙で投票ができるのは十八歳《さい》以上だ。日本では自分で何もしなくても、住んでいるところに投票の知らせが送られてくるので、なんとなく投票しはじめることが多いかもしれないけれど、アメリカでは自分で選挙の登録をしないと、投票ができないシステムになっている。私は二十三歳になるけど、今までは選挙にたいして興味もなかったし登録もしていなかった。でも、これからは自分の生活を守るためにもきちっと投票しなければいけない、と思っている。

そう考えはじめたきっかけは、近所に住んでいる自然保護運動家ジムベルというおじさんが、また例年のごとく、グリーンパーティーという党からサンディエゴ市長選に出馬することを知ったからだ。そのおじさんとは、私も仲良くしているので応援《おうえん》してあげたくなり、さっそく選挙の登録をすることにした。

大きなスーパーマーケットの前などで机を出している人がいれば、それが登録所なのでそこで登録ができる。そこに置いてある紙に必要事項《じこう》を書きこんで提出すれば、自宅に投票の説明や今回の選挙で問われる人や事項が入った大きな封筒《ふうとう》が送られてくる。

今度の選挙では、市長のほかに市役所の大事な役人も私たちの手によって選ばれる。たぶん日本とすごく違《ちが》うことは、なんといっても、市や州の条例の変更《へんこう》が直接私たちによって決められることだ。今回もそうした条例がいくつかあって、アーノルド・シュワルツェネッガー・カリフォルニア州知事などが、州の財政赤字を助けるために五六、五七の条例に「イエス」と言ってくれ、とテレビで派手に宣伝している。この地域でいちばん話題になっているプロップAという条例の問題も今度の選挙で決められる。この条例はよくないから、「ノー」と言ってくれとコマーシャルがたくさん流されている。

このプロップAというのは、ある一定の大きさの土地にはこれだけの数の家しか建てられませんよ、と決めようという条例なのだ。今決めようとしている密度だと、建てられる家の数がとても少ないので、当然一軒《けん》の家の値段が高くなり、金持ちしか買えないようなことになってしまう。これではサンディエゴがみんなにとって、住みにくい場所となってしまうからこの条例をやめるよう、「ノー」と選挙で言ってくれと騒《さわ》いでいるのだ。

ちょっと聞いた感じでは、だれでも買えるような家が建てられるのだから、みんなにとっていいかな、と思ってしまうよね。でもほんとうは違うのだ。今でも、ここサンディエゴの交通渋滞《じゅうたい》はアメリカ中でもトップテンに入っているのに、これ以上住む人が増えたらどうなるのだろう。それだけではない。川は汚《よご》れるし、空気も悪くなる。すむ場所を失っ

Jim Bell…
Jim Bell…

た動物や植物はどうなるのだろうか。

このプロップAについては、私が大学でとっているHuman Impact on Environment（人類が与《あた》える環境《かんきょう》への影響《えいきょう》）というクラスでもさかんにディスカッションしているところだ。人間が自然破壊《はかい》をすることによって、生物にどんな影響が出るか、どうしたら、おたがいに持続可能な生活ができるか、などを学んでいる。自然保護グループはもちろんこのプロップAに対しては「イエス」と言ってくれとお願いしているのだけれど、やっぱり「ノー」側にいる建設業者や大企業《だいきぎょう》が派手に宣伝をくり広げているので、残念ながら負けそうな気配だ。

今度の選挙では、大統領候補の予備選挙もある。「最悪の自然破壊をした大統領」として歴史上に名を残すだろうといわれているブッシュ大統領に私の心は怒《いか》りでいっぱいだ。改正大気浄化法《たいきじょうかほう》（Clean Air Act Amendment）という法律をまったく無視して、アメリカ中にある汚染《おせん》のもととなっている古い工場の操業を許していることも最近知った。

近ごろは、イラク戦争のことなどもっと議論されなければならない大事なことはいっさい話題にせず、もっぱら同性者同士の結婚《けっこん》についてのことでもちきりにして、みんなの目をそらそうとしている。アメリカでは、まだ半分以上の人が彼《かれ》らの結婚を認めていない。私はだれにも迷惑《めいわく》がかかるものではないので、許してもいいという意見だ。

ここサンディエゴのヒルクレスト（Hillcrest）というところは、サンフランシスコの次にゲイが多い場所としてよく知られている。ヒルクレストには、私が働くおすし屋さんの支店があって、最初私はそこで働いていた。そのときに、たくさんのゲイの人と知り合うことができたが、彼らはみなとってもいい人たちだった。そういえば私の美術のクラスにもロバートというゲイの男の子がいる。彼は批評会で自分がゲイであることを表現した作品について話した。その作品は、窓のブラインドでかくれた自分が外のレインボー（虹《にじ》）を見ているものだった（レインボーはゲイのシンボル）。

自分がゲイだということをかくさず人前で話し、クラスのみんなもたいしたことではないと話題にもしないのは、やっぱり昔とは違ってきていると思う。日本だったらどうだろうか、ふと考えてしまった。

ところで、選挙はアメリカでは火曜日に行われるものらしい。そういえば、大統領予備選挙のときに「スーパーチューズデー」と言っているのを聞いたことがある。ここでも、先週の火曜日にその選挙があった。会場は近くの教会だったので、自転車に乗っていった。その途中《とちゅう》で、「I voted electrically today.（私はコンピューターで投票した）」と書いてあるシールを胸につけて歩いてくる若いカップルに出会った。彼らは、「Vote Yes on A!（Aにはイエスと投票してよ）」と私に向かって叫《さけ》んだ。「Okay!」と私も返事をしたのだった。

教会の中はガランとして静まりかえっていた。受付の人に名前を言うと、私の情報が入っていると思われるカードを渡《わた》してくれた。会場には壁《かべ》で仕切られた七つぐらいの投票コーナーがあり、そこに置かれているコンピューターに渡されたカードを入れると、スクリーンに私の名前が出てきた。指でタッチしながら、ひとつひとつの条例に「イエス」か「ノー」か答えていく仕組みだ。鉛筆《えんぴつ》を使ってマークシート式でやるものだとばかり思っていた私は、あまりにもハイテクになった投票に驚《おどろ》いた。イエス・ノーを決めなければならない条例がたくさんあって、そのうちの半分くらいは勉強不足のために意味がよくわからず、投票できなかった。

二〇〇〇年の大統領選挙では、穴を開けていくパンチ式の投票用紙にあまりにも問題が多すぎて、そのために民主党のゴアは大統領になりそこねたと考えている人は多い。このようにコンピューターで投票したほうが、そうした問題は起こらないのかもしれない。けれども、私の個人の情報が外にもれてしまうこともあるだろうと、ちょっと不安を感じた。

出口で、私もあのカップルが胸にしていたシールをもらったが、照れくさいので家の玄《げん》関《かん》にあるサルの置物にくっつけてやった。

イースターパーティーは卵探しで大盛り上がり

ちょうど日本では桜が咲《さ》く春の時期に、ここアメリカではイースター（復活祭）というキリスト教の行事がある。かわいいウサギとカラフルな卵が主役となり、あわいピンク、イエロー、グリーン、パープルといったカラフルな色で町は春の雰囲気《ふんいき》いっぱいとなる。数年前までは、いとこのティモシーが卵の形をしたプラスチックケースにお金を入れ、それをあちこちにかくしたのを、私と弟が競って見つけて楽しんだものだった。

毎年恒例《こうれい》になっているロサンゼルスにいる親せきとのイースターパーティーは、ちょうどこの時期が学期末にあたっているため、ここ数年はごぶさたしていたが、今年は大好きないとこのリサの家でやると聞き参加することにした。

前日の土曜日には、貧《まず》しい子どもたちのためにしてあげるイースターパーティーのボランティア活動にも参加した。最近、ＷＳＷＡ（Western Service Workers Association）という組織で、フルタイムで働いている同じ大学の卒業生リンダと知り合い、彼女《かのじょ》の働く事務所に行ってきたばかりだったのだ。事務所はサンディエゴでもいちばんのスラム街ローガンハイツ（Logan Heights）にあった。この組織はアメリカ中にあって、政府からの援助は受けておらず、すべて寄付とボランティアだけで運営されている。ボランティアのメンバーには医者や弁護士も含《ふく》め、あらゆる職業の人が加わっている。フルタイムで働く人や、パートタイムの人、緊急《きんきゅう》のときだけの人と、みんな自分の都合に合わせたスタイルでボランティア活動に参加しているのだ。

国からの援助を受けない理由は、政党が変わったときなどに、急に援助がなくなって運営ができなくなるのを避《さ》けるためだそうだ。だから、すべて寄付だけでまかなっているのだ。

このセンターで毎年計画されるイースターパーティーにかかる費用は、切符《きっぷ》を売ってあてることになっている。ひとりの子どものお菓子代《かしだい》として、一枚の切符は一ドル五十セント。私は十枚売ることができた。全体では二百枚も売れたそうだ。リンダは電話をかけ続けてスーパーやお店に協力を求め、色をつけるための卵千個や食べ物の寄付も集めた。

リンダは私の大学の社会学のクラスに来て話をし、当日のボランティアを十五人も確保した。アメリカの社会は、困っている人がいたら、助けにいくということが社会全体ですばやく行動に移されるので驚《おどろ》かされる。

そして、当日、私はコーディを誘《さそ》っていった。センター近くの公園には、もう百五十人ぐらいの子どもたちが待ちきれない様子で集まっていた。みんなメキシコ人と黒人だそうだ。五、六歳《さい》の子がほとんどだが、中には十三歳ぐらいのティーンもいた。子どもが大好きな私はまとめ役を買って出た。「こっちに来て」とか叫《さけ》んでみたが、スペイン語しかわからない子が多く、まったく通じなかった。こんなことなら、もっと高校時代にまじめにやっておけばよかった、サンディエゴではスペイン語ができないとダメだなと実感してしまった。

　ブリトーというメキシコ料理をみんなで食べたが、メリリンという女の子は、「毎日、お母さんは卵とご飯の料理ばかりなの」と言って、肉が入ったブリトーをとても喜んでいた。電気もつけられないほど貧しい家もあるらしいから、メリリンのうちも生活がたいへんなのだろう。

　おなかがいっぱいになったところで、卵探しの時間になった。子どものときから卵を探すことは経験していたけど、かくす役ははじめてだと言って、コーディが大は

りきりでがんばった。子どもが後ろを見ている間に、五百個もの卵を木の枝の上や根っこなどにかくしまくった。そして、私の合図でバスケットを手にした子どもたちがいっせいに探しはじめたのだ。

私たちは、子どもたちが卵の近くにくると、「warmer, warmer」と言ってヒントを出してあげた。みんな三、四個の卵を見つけて大喜びだった。卵の中には、顔のシールをはったスペシャルエッグもあって、それを見つけた人は二ドルのプレゼントがもらえるので、みんな興奮して特別の卵を探していた。

卵探しのあとは、水風船を投げ合ったり、卵をスプーンにのせて競走したりするゲームで遊んでいた。そこへウサギの衣装を着たイースターバニーが登場して走りはじめると、子どもたちもそれを追いかけて盛り上がった。

こうして、三時間のパーティーもあっという間に終わりとなった。子どもたちはバスケットをお菓子でいっぱいにし、満足した様子で帰っていった。

子どもたちがバニーを夢中で追いかけるのを見ておなかをかかえて笑っているおばあさんの姿を見たとき、このパーティーによって子どもたちだけではなく、大人も楽しいときを過ごせたのだということに、私は気がついた。そして改めて、たった一日のボランティアだったけれど、たくさんのことを学んだように思えた。

こうしたボランティア活動に自分の人生をささげている人もいる。日本人も以前、このセンターで働いていたらしく、みんなよくその話をする。かよこさんという女の人で、とてもがんばっていたらしいが、ビザの関係で帰国しなければならなくなってしまったらしい。

みんなが自分の持っているものを出し合って、人のために役立たせるっていいよね。このセンターのビルは古い建物なので、水もれで困っていると聞いたコーディは、さっそく同じ会社で働く友達スティーブと修理にくると約束していた。

サンディエゴには違法《いほう》で滞在《たいざい》しているメキシコ人がたくさんいる。ここに住んでるメキシコ人の半分近くはそうかもしれない。だけど、「no person is illegal」だと思うんだ。この世の中に生きていることが「違法」な人間なんていないはずだ。

さて、翌日の日曜は久しぶりにおばあちゃんやおばさんたちと会えて、私の一家も楽しいイースターとなった。弟は、いやがる老犬クマをプールに入れようとエサでつったりして、むりやり泳がせていた。リサの愛犬ガジェットはスイミングが大好きで、一日三回は泳ぎたがるので、一日中プールは温めておくそうだ。ぜいたくな犬もいるものだ。私たちはごちそうをおなかいっぱい食べ、チョコレートがいっぱい入ったイースターバスケットをおばあちゃんからもらって、あの子どもたちと同じように満足して帰宅したのだった。

英作文の卒業試験で大統領に意見を書いたよ

アメリカの大学は、入学するのはわりと簡単だけれど、卒業がたいへんだって言うよね。これはほんとうだ。授業もまじめに出席しないといけないし、レポートもしょっちゅうある。卒業に必要な単位数は、専攻《せんこう》によって違《ちが》うけれど、私の大学では、美術専攻の学生は百二十単位が必要だ。私は仕事もしているので、あまりむりをせず、各学期ごとに十二単位、つまり年に二十四単位をとってきた。アメリカの大学では、高校生のときに大学レベルの授業をとっていたりすると、その単位を使って三年で卒業する人もいるし、のんびりと十年もかけて卒業する人もいる。日本の大学のように、みんな四年間で卒業するということはなく、卒業に時間がかかっているのが現実だ。私の場合、夏休みにもクラスをとっても、五年はかかりそうだが、平均的だと思う。

また、卒業の条件として、作文のクラスをとることが義務となっている。そして、もしこのクラスをとりたくなければ、作文のテストに合格しなければならない。このテストはけっこう難しいので、私の知っている日本人はたいていてい一学期間作文のクラスをとって卒業している。

この試験は一か月に一回行われていて、合格率は六五パーセントだ。受けるたびに三十五ドルかかるけれど、何回でもトライできる。私は卒業までにはまだ時間があるけれど、どんな試験なのか気になっていたので、この間の土曜日に試しに受けてきた。

朝の十時に試験を開始して、たった一時間で終わるという短いテストだ。すごいと思ったのは、試験が始まる前に三度も身分証明書のチェックがあったことだ。それだけでなく、「私、本人が、このテストを受けるものとする」といった内容の誓約書《せいやくしょ》まで書かされた。ここまでされると、遊び気分でやってきた私もさすがに緊張《きんちょう》してきてしまった。

テスト会場はどこも満杯状態《まんぱいじょうたい》だった。そのうち、書きこみ用のうすいノートが配られはじめた。見るとそのノートには作文の課題が印刷されていた。私のノートにあった課題は、「アメリカの大統領に何かの問題を提起して、それがなぜ重要なことなのか述べ、それを解決するにはどうしたらよいと思うか論ぜよ」というものだ。

私は運がよかった。わりと自由に書けそうな課題で助かった。以前に受けた人の話によると、「もし自分の専攻科目を変えないといけないとしたら、どうするか？」というようなわけのわからない課題が出ることもあるそうだ。

私はちょうど『一本の樹が遺《のこ》したもの——ルナの遺産（The Legacy of Luna）』というジュリア・バタフライという女の人が書いた本を読んで感激していたところだったので、

この本に関係した森林保護について書くことにした。
　ジュリアが言うには、今アメリカでは千五百年以上も生き続けてきた木が、木材にするためにバンバン切られているという。木材会社の人が政府関係の人とグルになって規則違反《きそくいはん》をして、樹木を伐採《ばっさい》しているのだそうだ。それはものすごく悲しいことだ。貴重な原生林がこの世から消えていってしまう。そこにすむ動物も生きていけなくなるし、森の周辺で暮らす人間だって、雨のときには土砂崩《どしゃくず》れの危険にさらされることになる。ジュリアは伐採しようとする木材会社に抵抗《ていこう》して、古代の森を守るために、ルナ（月）と名づけた木の上で二年以上も暮らした。彼女《かのじょ》のおかげで、この地域のセコイア（redwood）の巨木《きょぼく》の森

林は守られた。

私はこの作文の中で、「アメリカは木材企業《きぎょう》に対して、もっと厳しい法律を作るべきだ」と大統領に意見を述べた。紙を作るために木を伐採することをやめ、ヘンプ（麻《あさ》）をもっと栽培《さいばい》するべきだとも訴《うった》えた。同じ量の紙を作るのに必要な土地は、木と比べるとヘンプは三分の一ですむと聞いた。しかし、ヘンプはマリファナと似ているため、栽培は違法《いほう》になっているそうだ。この話の裏には木材業の会社が絡《から》んでいるのではないかと私は思う。

まあ、こんなぐあいに言いたいことをたくさん書きまくることができて、自分ではすごく満足した。でも、テストに受かるかどうかは別問題だ。テストを採点する人は二人で、十二点満点中の八点をとれば合格だ。聞くところによると、内容よりも構成とかスペルなどの作文能力が問われるらしい。

私のある友達は五点しかとれず、その後、「Aプラスレビュー」という塾《じゅく》に百ドル払《はら》って一回行ったら、次のテストでは十点で合格したと言っていた。私も以前、数学でその塾のお世話になったことがあったが、すごい効果があるものだ。落ちたら、私もまたそこに行けばいいやと思っていた。

ところが、なんと私はこのテストで八点をとり、たった一回の挑戦《ちょうせん》でみごと合格することができたのだ。やっぱり運がよかったんだ。

赤信号カメラに捕まった！ドキドキの裁判所へ

二年前になくなってホッとしていた、あの赤信号カメラ。あいつがまた来月から登場すると聞いて、いやぁな気持ちになった。

あれは三年ぐらい前のこと。パシフィックビーチのまぶしい太陽に向かって車を走らせていた。交差点に入る直前に信号が青から黄色に変わったけれど、私はそれを無視してそのまま交差点へとつっこんでいった。するとそのとき、信号のそばでパッパッと何かが二回光った。なんだろうと、すごく不思議に思ったことを覚えている。

それから一か月ぐらいたったある日、車の登録者である母のところへ、警察から一通の手紙が届いた。その中には、トヨタRAV4を運転している私の顔がアップではっきりと写った写真、私の車の前と後ろとが写った写真など、私が交通違反《こうつういはん》をしたという「証拠写《しょうこしゃ》真《しん》」が何枚か入っていて、赤信号で交差点を渡《わた》った違反の罰金《ばっきん》三百ドルを支払《しはら》うようにと書いてあった。

写真に写っているのはだれが見ても間違《まちが》いなく、サングラス姿の私だ。友達はクールでかっこよく撮《と》れてるねとからかったけれど、人違《ひとちが》いだと言《い》い逃《のが》れることができないほど鮮《せん》明《めい》に写っていて、私はそのことにまず驚《おどろ》いた。まったくすごいカメラを取りつけているものだ。

赤になってから何秒後に交差点に入ったかということまで記録してある。私の場合、〇・〇二秒後だったという。ということは、信号が変わるのとほぼ同時だったということではないか。そして交差点に入ったときのスピード、出たときのスピードまで書いてある。そんな短い間に、写真を撮ったりスピードを計ったりすることのできる機械があるなんて、ほんとうにびっくりだ。

それにしても、罰金三百ドルは痛いなあと思っていたら、裁判所へ行ってそのときの様子を話してみたらどうか、損にはならないはずだと友達が教えてくれた。そこで私は、少しでも罰金が安くなるかもしれないという可能性を信じ、できるだけまじめそうに見える服を着て、指定された日に裁判所へ向かった。

こんな経験ははじめてなので、ちょっとドキドキした。私の前に十人ぐらいが並んでいて、ひとりずつ裁判官の前に出て話す。待っている間も緊張《きんちょう》した。聞いていると、ほとんどが赤信号違反の人だ。裁判官はこちらの話を聞いてはくれるが、なかなか罪を軽くしてはくれない。私もダメかもしれないとだんだん不安になってきた。

まず裁判官は、この罪を認めるか否か（Are you guilty or not?）と聞いてきた。私は一応、自分は無罪だと主張した。あのとき私は、交差点の手前《てまえ》で信号が青から黄色に変わったことに気づいてはいたが、すぐ後ろの車があまりにも近づいてきていたので、今急ブレーキをかけたら事故になると思い、そのまま交差点へとつっこんだのだ、と説明した。

写真でも、私の後ろの車が、交差点を出るときにはピタッと距離《きょり》を縮めてきているのがわかり、裁判官も「なるほど、それはよくわかる」とすごく納得してくれた。しかし、赤信号で交差点を渡《わた》った交通違反であることには違《ちが》いないので、半額の百五十ドルだけ支払うことになった。あきらめないでやってみただけのことはあったよ。

そのあとは、交通安全講座（traffic school）を受けた。ここ一年半の間にほかの違反をしていなければ、この講座を受けると、今回の違反は運転記録には残らず保険料も上がらなくてすむのだ。最近は、インターネットやビデオを借りて講座を受けることもできるらしい。でも、交通学校はどこもみなコメディーみたいにおもしろいので、私は直接、クラスを受けることにした。

冗談《じょうだん》ばかり言うゆかいな先生が、私が高校生のころに違反したときに見せられたのとまったく同じ、血染めアスファルトのビデオを見せたりして、一日の講座が終了《しゅうりょう》した。ちなみにそのビデオは、全部で三巻もあるそうだ。まあとにかく、このカメラのおかげで、授業料と合わせて合計二百ドルもの手痛い出費となってしまったのだった。

ところがそれからしばらくして、サンディエゴにある赤信号カメラが全部、いっせいに取り外されることになった。カメラを取りつけた会社が、市から違反一件に対し七十ドルも受け取る仕組みになっていたこと、黄色になっている時間がほかの信号に比べて短く設定されていたことなどが発覚して裁判が起こり、市は判決で負けたのだ。そのため、それ以前の半年間に出された違反はすべて無効となり、徴収《ちょうしゅう》された罰金はみんな返却された。残念ながら、私の違反は半年以上前のことだったのでダメだったけれど。

今度の新しいカメラにはそういう問題点はなくなったそうだけれど、最初に、私の大学の前と、ダウンタウンとに取りつけられることになったと新聞には書いてあった。

友達は、運転するときは顔が写真に写らないようにサンバイザーをかぶるといいと言う。でも私はそんなことはせずに、カメラがあることを表示した看板が、交差点に入る前には必ず出ているので、それを見落とさないよう注意して、ゆっくり運転しようと思ってる。

大事件！
親友シェーンが逮捕された！

グラフィティ（落書き）アートに夢中のシェーンは、サンディエゴのグラフィティアーティストとしてかなりその名を知られるようになり、その道の雑誌にのるほどまでに腕《うで》を上げた。

十か月ほど前のこと、夜中にいつものように車両基地に出かけていき、列車に「kure」とペインティングをした。そして、そのできばえがあまりにも素晴《すば》らしかったので、自分でも「今までの中で最高傑作《けっさく》ができあがったなー」とほれぼれしていたそのときだった。警察官が急に現れ、現行犯で逮捕《たいほ》されてしまったのだ。おかしいのは、彼《かれ》の作品があまりにも感動的だったので、警察官も「That's really good.（すごく上手だね）」と思わず言ったそうだ。

留置所に連れていかれ、holding cellという、一、二日間ぐらいの仮のろう屋に入れられた。シェーンは前にも捕《つか》まった経験があるので、それほどショックでもなかったらしいが、取り調べ中にいちばんびっくりしたことは、警察の中でグラフィティを専門に追いかけている部署があり、町中のグラフィティが撮影《さつえい》されてファイルに収めてあったことだ。シェーンが今まで描《えが》いたグラフィティもそこにたっぷりあったそうだ。彼はいつも作品に「kure」と書くので、はっきりどのくらいの前科があるか一目瞭然《いちもくりようぜん》なわけだ。もちろん、シェーンは警察がもっとも捕まえたい人物トップテンに入っていた。

アメリカではたとえ逮捕されても保釈金《ほしやくきん》を払《はら》えば、すぐにろう屋から出してもらえる。そして、その後の裁判の日を待ち、判決を待つという仕組みになっている。シェーンの場合、保釈金は二万三千ドルだった。もしお金が手元になければ、保釈金専門の会社に頼《たの》むと、みな面倒《めんどう》を見てくれるようになっている。そういう会社は裁判所の付近にはたくさんあり、私も「アラジン」というぴったりの名前の店を見たことがある。「開けゴマ」のようにろう屋から出してもらえるというわけだ。本人は保釈金の一〇パーセントをその会社に払い、会社は本人が裁判の日まで逃《に》げないで出頭することを約束させる。保釈金の二万三千ドルは本人が裁判に出れば返されるから、会社はそのときまでお金を貸すというわけだ。シェーンも一〇パーセントの二千三百ドルを払った。

釈放されたシェーンが最初に向かったところは、どこだと思う？　信じられないかもしれないけれど、車両基地だった。自分が列車に描いた絵をカメラに収めなければ気がすまなかったのだ。なんといっても、最高傑作だったたからね。

それから、親類にすすめられた弁護士を弁護料三千七百五十ドルを払ってやとい、三、

四回の裁判につき合ってもらうことになった。こうしてシェーンは、たとえ高い罰金《ばっきん》を払っても、犯罪歴は残したくないという決心をしたのだ。将来、絵の先生になりたいと思っているシェーンだから、犯罪歴があってはまずいという判断だ。

警察のファイルにある自分のグラフィティの中から、電車と海軍病院の壁《かべ》など三つだけを罪と認めるという、いわゆるバーゲン（交渉《こうしょう》でまけてもらうこと）をした結果、罰金は七千五百ドル、非公式ではあるが執《しっ》行猶予《こうゆうよ》をもらった。そこで彼は今後はいっさいしないことを誓い、今度罪を犯したら長いこと刑務所《けいむしょ》に送られるという約束になった。

シェーンにとって捕まったことより何倍もショックだったのは、シェーンが捕まって三日後に、大親友のセルジオのところに警察が銃《じゅう》を持って現れたため、セルジオはシェーンが自分の名前を警察に言ったせいだと思ってしまったことだった。セルジオはよくシェーンといっしょにグラフィティをしていたので、警察は二人が仲間だということはよくわかっていた。警察は二人の住所ぐらいとっくにわかっていて、二人を仲間割れさせようとしたらしい。セルジオは自分の小さな子どもの前に警察が銃を持って現れたことで、そうとうシェーンに腹を立てていたが、あとでそれは誤解だったとちゃんとわかった。

そんなわけで、まんまと警察のわなに引っかかり、セルジオもこれまでの罪を認めてしまった。しかし、シェーンのような私的な弁護士をやとうお金がなかったセルジオには、公選弁護人（public defender）がついたのだけど、これがまったくの役立たずで、けっきょくセルジオには犯罪歴が残り、三年の執行猶予がついた。セルジオは、教師になりたいわけではなくニューヨークの大学院に行くつもりだから、これでいいのだと言っていたが、お金しだいでなんでも決まるところはいかにもアメリカらしい。腕《うで》のいい弁護士がつけば、どうにでも解決されるわけだからね。

ところで、セルジオにはMichiというメキシコ人のガールフレンドがいるって言ったっけ？　セルジオは彼女《かのじょ》の名前を自分のグラフィティに入れていたので、警察はMichiという人物も追っていたことがわかった。もしかしたら、間違《まちが》われて私も追跡人物《ついせきじんぶつ》の中に入っているかもしれない。どうしよう？

もう公共物にグラフィティはぜったいにできないシェーン。ここ十か月はスプレーから油絵の具に変え、キャンバスに絵を描《か》き狂《くる》っていた。それでもやっぱりあきらめきれないシェーンだ。カナダにはグラフィティをしてもよい壁があるそうで、今学期が終わったらそこに行くんだとはりきっている。シェーンはグラフィティの中毒にかかっているのかもしれない。

バンソウコウなしでは生きていけない?!
悪戦苦闘のアクセサリークラス

今学期とっている「アクセサリー初級・メタル」のクラスは、以前から「時間がかかってたいへんだから、ちょっと考え直したほうがいいんじゃない?」と、友達が忠告してくれていた授業だ。私は小さいときからビーズのアクセサリーなどを夢中で作っていたほうだから、なんとかやれるさと甘《あま》くみて、クラスに入ったけれど、今そのたいへんさを思い知らされている。ほかのクラスの何倍もの時間がかかるのだ。

最初のプロジェクトは、銅で作る本だった。本といっても、本の形である必要はない。本のように順番を追うものか、文字が書かれているものであればいいのだ。

材料は銀でもよかったが値段が高いので、私は銅の板にした。何を作ろうかだいぶ考えた末に、フタが虫メガネになっている缶《かん》のような入れ物にした。

缶の中に、五匹《ひき》の虫を作って入れ、その背中に父が書いた英語の本、『Nature in Tokyo（東京の自然）』にあった序文を小さな小さな活字で押《お》した。あまりに小さいのでフタの虫メガネを使って読む、という作品だ。缶には、草の模様をエッチングで入れて自然の感じ

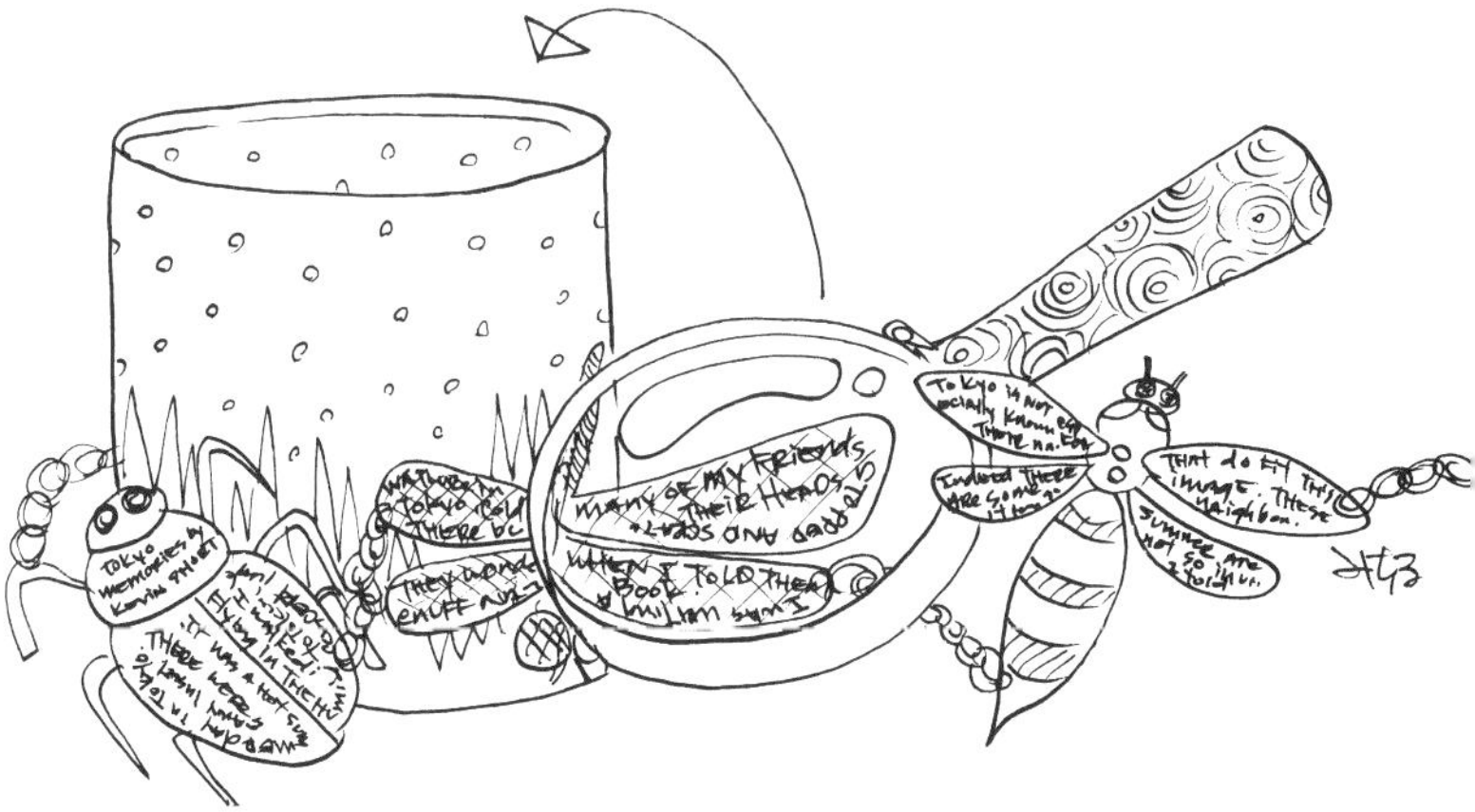

を出した。虫メガネのレンズはコンピューターストアで、前から目をつけていたものを手に入れた。

それにしても、ただの板から形を作り上げるのは、なみなみならぬ労力が必要だった。朝の九時から夜の九時まで、まるまる十二時間も教室にいて作業を続けた日もあった。家には金属加工用の機械がないから、ここでやるしかない。クラスの友達もいっしょになって大奮闘《だいふんとう》をした。夜遅《おそ》くなってしまったときには、配達のピザを学校に届けてもらって食べ合ったりした。そうするうちに、苦労をともにする連帯感のようなものが生まれたんだ。

このクラスのテラという女の子は、十五時間ぶっ続けでやったけど提出日に間に合わず、先生にどうしたらいいか泣きついていた。しかし、どの作品を見ても六十時間以上もかかったなんてとうてい見えない。手ノコギリでメタルを切り、手でやすりをかけるという、ほとんどが手作業だからだ。それに、器用さも必要だ。

日本から来たゆりちゃんという家具デザイン専攻《せんこう》の大学院生もこのクラスにいる。年は私より少し上で、「手が命」と言うだけあってものすごく器用だ。彼女《かのじょ》が作るものにはミスがない。アメリカに来て間もないのに英語力もあって、批評のときにはしっかりコメントできるのは立派だ。彼女の作品には日本風というかアジアの雰囲気《ふんいき》があって人気がある。

私もゆりちゃんの手もガサガサで荒《あ》れ放題《ほうだい》。エッチングで使う化学薬品で皮膚《ひふ》がボロボロになり、ノコギリで手を切ったりと、バンソウコウなしでは生きていけないね、と二人で話している。

こうして、なんとかできあがった私の虫メガネつき入れ物を、先生は「とってもよくできている」と言って喜んでくれ、図書館のケースに飾《かざ》られる三人の中に入ることができた。苦労してがんばったかいがあったものだ。

この次の課題は、まったく実用性がない銀の指輪づくりだ。「遊び」か「お守り」がテーマの指輪でないといけない。難しいテーマだ。私たちにとって指を守ってくれたバンソウコウでも指輪に入れようかと思ったけれど、やっぱり日本のお守りに入っている神様を入れてみようと思う。

その後、先生がこれから私たちがしなければならない残りの課題について説明を始めた。ギャラリーレポート二つ、三個のイヤリング、二個の石を入れた銀の指輪などなど、えんえんと話している。私たちは自分の首を押さえて、もう締《し》めつけられて死にそうだというジェスチャーをして、おたがいに大笑いをした。

友達の忠告というのは聞くべきものかもしれない。たいへんなクラスをとってしまったものだ。

アメリカの大学に入るには何度でもチャンスがある

六月に高校を卒業する弟のルーキーが、「今日、大学、バークレーに決めたよ」と電話をしてきた。カリフォルニア大学サンディエゴ校（UCSD）か、バークレー校（UCB）にするか、だいぶ迷っていたのは知っていたが、ちょっとがっかりだ。サンディエゴだったら、母が日本に帰国したあと、一軒家《いっけんや》を借りていっしょに住み、おすし屋さんで働こうと話していたからだ。弟が遠くサンフランシスコのほうへひとりで行ってしまうのも心配だ。でも、超《ちょう》リベラルカレッジとして有名なバークレーならおもしろそうだし、行きたいというのもわかる。ベトナム戦争に対して大きな反対運動がバークレーからスタートし、ついにはアメリカが戦争から手を引いたことは、教科書にも書いてあったほどだ。バークレーというヒッピーの元祖のような学生町には、自然食品の店やレストランもたくさんあるそうだ。ルーキーが入学したらぜひ遊びに行きたい。

ところで、アメリカには大学の入学試験というのがない。大学に入るためにはコンピューターで申しこめばよい。あとは大学からの知らせを待つばかりだ。知らせが小さい封筒《ふうとう》

だったら不合格なので、「大きい封筒が届きますように」と毎日ハラハラして郵便受けを見にいっていたことを私も思い出す。

　カリフォルニアの高校生は、卒業後の進路にはいくつかの選択肢《せんたくし》がある。就職するかミリタリーの兵隊になるか、コミュニティカレッジかステイト系(California State University system)の公立大学またはUC系(University of California system) の公立大学、または私立大学へ進学するかだ。州外の公立大学は授業料がその州に住んでる人と比べて三倍ぐらい高くなるので、行く人は少ない。

私が通うサンディエゴ州立大学（SDSU）のようなステイト系の大学は州に二十三あって、学校の成績がまあ平均点ぐらいで、共通試験のSATもまずまずだったらまず入れる。それでもエンジニア系の大学とかSDSUは人気があって倍率が高くなってきたので、中の上ぐらいでないと、入学するのは難しい。

高校の平均成績がよくて、クラスの上位五パーセントぐらいに入っている人はUC系の大学に行くチャンスがある。この大学は、州に九つある。UCB（バークレー校）、UCLA（ロサンゼルス校）、UCSD（サンディエゴ校）、UCSB（サンタバーバラ校）などだ。ここに入るには、学校の成績のほかにSATもよくなくてはいけないし、ほかにボランティア活動、スポーツ、仕事の経験もあったほうがいい。また、親が大学卒ではなく、自分が家族の中ではじめて大学にいく場合とか、家庭が貧《まず》しかったりするとグンと有利になるのはおもしろいことだ。

高校時代に遊びすぎて勉強はほとんどせず、成績はパッとしなかった人、ステイト系やUC系の大学は家から遠いしそんなに大きな大学にはまだ行きたくないという人は、近くのコミュニティカレッジに行けばいい。ここでは専門知識、たとえば車の修理とか大工やフラワーアレンジメントなどの技術だけ学んでその資格をとったり、ステイト系やUC系の大学に二年後編入するプログラムに入ることも簡単にできる。だから、高校からは難しかったエリート校のUC系大学でさえもコミュニティカレッジでまじめに勉強すれば、だれでも入学のチャンスが残されている。これまたすごいアメリカのシステムだ。

コミュニティカレッジの授業料は、とる単位数によって違《ちが》ってくるが信じられないほど安い。ただし、カリフォルニア州在住《ざいじゅう》以外の人や外国人の場合、十倍ぐらいにはね上がるため、留学生は苦労している。

このほかに、単位はもらえないけれど外国人のための英語のクラスや、高校を中退してしまった人のためのいろいろな科目、趣味《しゅみ》やコンピューターなどのクラスを運営しているアダルトスクールというのもあちこちにある。ここでがんばれば、コミュニティカレッジに行くための英語や数学の力もつくというわけだ。アダルトスクールの授業料は無料だ。

最近、知ったのだけれど、大学で成績がそれほどよくなくても、収入がほとんどない学生は将来返さなくてもいい奨学金《しょうがくきん》が政府からもらえるという。私はアルバイトでがんばっていたけど、もっと早くからこのことを知っていればよかった。

このように、アメリカの大学入学システムは、入学試験のペーパー一枚ですべてが決まるような日本とはだいぶ違う。だれでもがんばりさえすれば、いい学校に入って成功するチャンスがあるから、ちゃんと夢がもてるのだと思う。でも、入学してからは厳《きび》しくて、日本のように楽ではない。ちゃんと勉強しないとすぐに追い出されてしまうことになるんだよ。

サンディエゴに住んで十年ちょっと日本もアメリカも私は大好き！

私が日本の小学校を卒業してアメリカに来てから、もう十年以上が過ぎた。私の人生の半分ずつを日本とアメリカで過ごしたことになる。ときどき、「ミッチー、日本とアメリカのどっちが好き？」とか「住むとしたら、どっちの国のほうがいいと思う？」とか、聞かれることがあるけど、私にとってはどっちも私の国だし、両方の国にいいところと、悪いところがあって、そう簡単には選べないんだ。

日本にいたら、たぶん今の芸術に燃えている私はいなかっただろう。私は、勉強が好きじゃなかった。日本では、きっとどんな大学にも入学なんてできなかったと思う。日本でお世話になった絵の先生も、たとえどんなに絵を描《えが》くことが好きでも、勉強もできないと大学には入れないと言っていた。でもアメリカでは、テスト勉強などしなくても簡単に入れたんだ。それに、私の通っている公立大学の授業料は、その州に住んでいる学生ならものすごく安くすむ。もし日本の大学だったら、我が家にとっては授業料が高すぎて、私を入学させるのはムリだったかもしれない。

そろそろ大学の卒業が見えてきて、就職のことを考えたりもするんだけど、私は日本の会社ではとても働けないと思う。一日に十二時間も働いたり、せっかくの休日にまで出勤する人も多い、という話を友達から聞いたからだ。人生はいつ終わってしまうかもわからないのだし、私は「今を楽しむ」ことを大事にしたい。自分の貴重な時間を、会社のためだけにささげるなんてできないよ。

アメリカ人は、八時間働いたらさっさと仕事を切り上げて、近所の人と野球やアイスホッケーをしたり、海でサーフィンをしたりして、楽しんでいる。たとえ働く時間をたくさん増やしても、効率よく仕事ができるとは限らないし、日本でも、みんながもっと遊ぶ時間を増やして気分転換したらいいのに、といつも思うのだ。

以前、チャンネルアイランドでキャンプをしたとき、小学校の先生をしている友達のデイブが、仕事を休んでやってきた。学校にも休む理由をちゃんと正直に言ってきた。そして帰ったあと子どもたちに、その貴重な体験、自然でいっぱいの島の話をスライドを見せながら話したそうだ。こういうことって、教科書の知識を子どもたちに暗記させることより大事なことだと思う。ずーっと心に残るはずだからね。きっと学校もそのことをわかっていたから、休むことを許したのだと思う。

バイト仲間のりょうくんは、日本ではけんかばかりしている、そうとうな悪ガキだったそうだ。三つの高校で退学となり、先生や親とはまったく気が合わなかったと言っている。

きっと理解してくれる人が少なかったのだと思う。自分はダメなヤツなのかなあ……と失望していたのだけど、アメリカに来て、ものすごく驚《おどろ》いたそうだ。こんなに自由で、自分のままでいられるところがあるのか、と。それで、いろんなことに興味をもって、勉強をするようになったんだ。

そう、アメリカには日本の「常識」みたいなもの、世間の目を気にする、ということがない。みんなすごく自由で、のびのびしている。その分、なんでも自分で決めて、なんでも自分でやってみるんだ。

私と同じ年のくみちゃんは、アメリカに来て五年になる。最初の二年は仕送りをしてもらっていたけど、今はひとりで生活費を稼《かせ》ぎながら学校にも行っている。日本に帰ると、二十五歳《さい》を過ぎたのだからそろそろ結婚《けっこん》したら、とか言われていやになるそうだけど、アメリカでは年齢《ねんれい》なんて関係なくいろいろなことにチャレンジできるのがうれしい、と言っている。私も今学期、近くのコミュニティカレッジで、将来お店かギャラリーでも開いたとき役立つかなと、経営やビジネスの勉強を始めた。こういう、新しいことへのチャレンジって、日本ではお金もかかるし、なかなかできないよね。

ところで、日本に夏休みで帰ったとき、こんなことがあった。私が気軽に他人と話すのを見て、友達が「あの人と知り合いなの？」と聞くので「知らない人だよ」と言うと、「えぇー！」とものすごくびっくりされてしまったのだ。日本では知らない人とは、友達みたいに親しく話をしないということを忘れていたんだ。

日本では「世間の目」というのがあって、みんなと同じような行動をとっていないと「変」に思われてしまうことがあるけど、これって日本は「日本人」というほとんどひとつの民族でできているからだと思う。大きなひとつの家族みたいな、安心感があるわけだ。共通のルールに従って、とくに目立つようなことをしなければ気持ちもいいし、楽だ。他人に迷惑《めいわく》をかけないよう、人を思いやれる日本人は素晴《すば》らしいと思う。アメリカ人はどちらかというと自分勝手でずうずうしいよ。

アメリカは日本とは逆に、世界中の民族が集まってできている。白人や黒人、私のようなアジア系の人など、いろんな人がいる。言葉だって英語だけではないし、英語にもいろんな「なまり」があるんだよ。ここサンディエゴにはメキシコ人が多く住んでいて、英語じゃなくてスペイン語でないと通じないことだってある。

それに、アメリカにはいろいろな文化や習慣が混ざり合っていて、すごく多様性がある。だから、日本のようにだれにでも共通している価値観というのはなく、人とは違《ちが》うことが素晴らしい、と考えられている。大学のクラスでも、自分をいかにアピールして、自分の考えを主張するかが大切だ。「たぶんそうじゃない」とか「どっちでもいい」とか「あなたと同じでいい」なんていつも言っていたら、なんてたいくつでおもしろくない人なんだろう、と思われてしまう。だから、日本から来ると、アメリカ社会はいつもはっきり自分の意見を主張しないといけないから、けっこう疲《つか》れちゃう国だな、と思うことになるかもしれない。

でも、「信用性」と「まじめさ」は、アメリカ社会にはすごく不足している点だと私は感じる。この間、電話が通じないので電話会社に連絡《れんらく》したら、今日中に見ておくとの返事があった。ところが翌日になってもつながらない。そのあとも何回も連絡したけど、そのたびにてきとうにあしらわれた。信じられないかもしれないけど、じつはこういうことはよくあるんだ。「来週また連絡します」とか言っておきながら、面倒《めんどう》なことは、まずむこうからは連絡してこない。だから、ここで我慢《がまん》強《づよ》く待っていてはダメ。こっちから、むこうがまいったと思うくらいしつこく問い合わせるのがポイントだ。文句も遠慮《えんりょ》しないでズバズバ言う。それでやっと動き出すということがよくあるんだ。

私のトヨタの車が最近故障して、日本人の整備士の人に頼《たの》んだら、徹夜《てつや》して急いで修理してくれたので、私はものすごく感激した。まじめで誠実感のあふれた人だ。日本人の技術は世界中で定評があるし、日本の製品は質がよいことを世界中の人が信じているのは、日本人の誇《ほこ》りだよね。いいかげんにしないで、よりよいものを作ろうとする一生懸命《いっしょうけんめい》な姿勢は日本人の宝だと思う。

私が今まで接してきたルームメイトの中で、いちばん素晴らしいと思う人は、今いっしょに住んでいる、すしシェフのまさちゃんだ。彼は水道、電気代などをいつもすぐに払《はら》ってくれて、他人に迷惑がかからないように、いろんなことにも気をつかってくれる。だれかが疲れて寝《ね》ているときは、静かにしようとしたりね。「思いやり」と「やさしい気持ち」は、ほんとうに日本人のいいところだなあ、と感じるよ。

日本の食べ物が、健康的でおいしいというのも外国に来るとよくわかる。アメリカでの「すし食」はすっかり定着したし、そばやうどんも、ふつうに食べるようになってきた。日本食は、海の幸、山の幸がうまく料理されている。あんなにおいしい季節感のあるおかずが、スーパーに並んでいるのを見て、日本っていいなーと思ってしまう。

私にとって、いったい祖国はどこなんだろう。ますます個性が強くなった私は、日本の社会で暮らしていくのはもうムリかもしれない。日本には夏休みに、両親のいる家に戻《もど》ってのんびりするぐらいになるかもしれない。とはいっても、アメリカが私の故郷というわけでもないと思う。オリンピックやワールドカップなどでアメリカと日本が戦っているときは、弟も私も日本を応援《おうえん》する。日本で生まれて、幼児期、小学生時代を日本で育った私は、きっと心の故郷は日本なのに違いない。

そして、いろんな状況《じょうきょう》に対応できる順応性というか適応性を身につけることの大切さがわかってきた。それが、ほんとうの意味での国際人になることなんだと思う。どこの社会でも、国でも、いいところと悪いところがあるのだから、そのいいところを見つけて成長していきたい。

みちる'S アート・ギャラリー

Tokyo Memory
東京の思い出

銅板から作った昆虫《こんちゅう》の背には、パパの本の序文を小さな活字で刻んである。あまりに小さいので、缶《かん》のフタになっている虫メガネを使って読む、という仕組み。なんとこの作品、今も授業で、先生がスライドを使って紹介《しょうかい》してくれているらしい（本文 210 ページ）

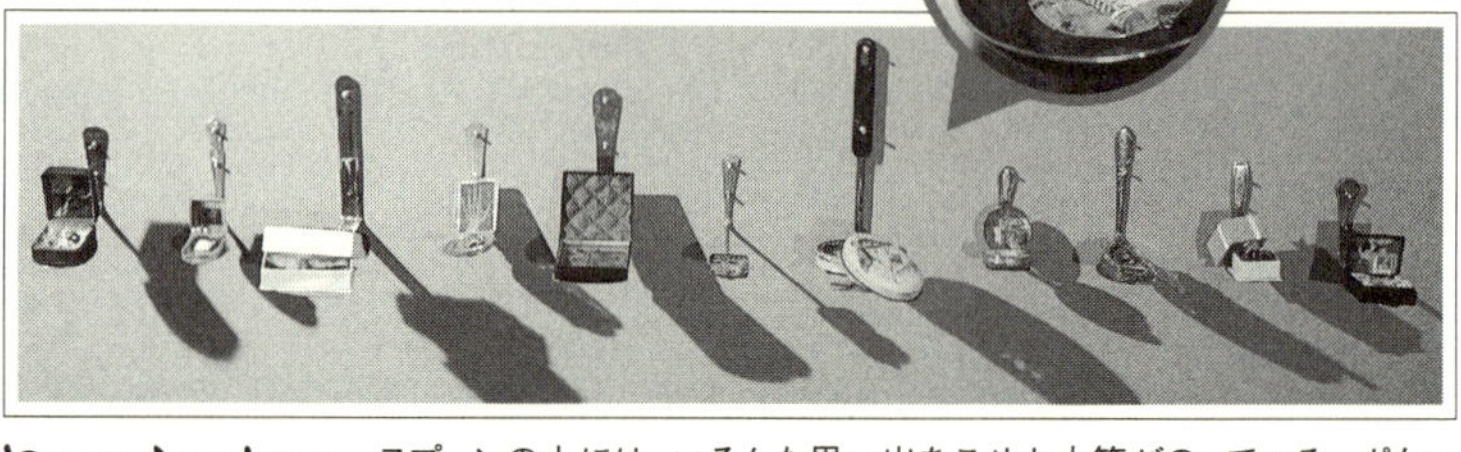

Reminder Boxes
思い出させる箱

スプーンの上には、いろんな思い出をこめた小箱がのっている。ポケットにこの箱をつっこんでおけば、いつでも思い出をよみがえらせてくれる、というもの。スチューデント・アート・ショーで受賞したあとも作り続けて、いつの間にかいっぱいに増えた（本文 180 ページ）

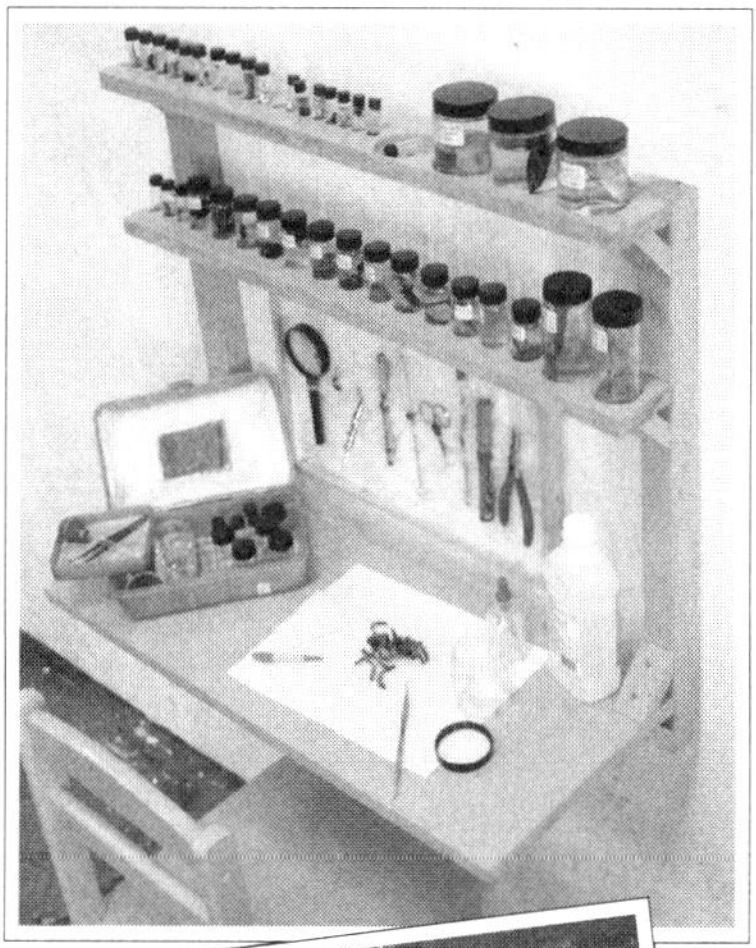

Vanity Insect Collector

昆虫採集兼用化粧台

虫やカエルが好きで、ちょっと変わった女の子だった小さいころの私のイメージ。ピンク色のかわいい机の上には、実験道具や虫の死がい、ヘビのしっぽなんかがのっている(本文 181ページ)

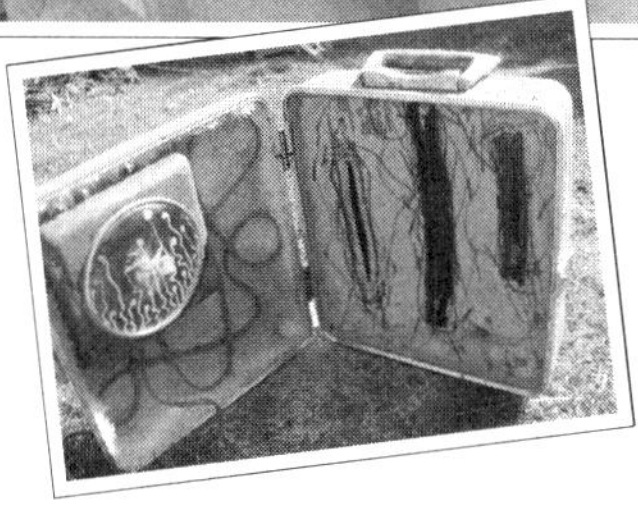

Tea Strainer 茶こし

持ち手のところに虫がいて、丸い部分の穴は虫が食った跡《あと》のイメージ。平らな金属板をコツコツたたいて丸い形を作るにはものすごい時間がかかり、メタルの作品に対する見方が変わったよ

Blue Bird Detector

幸せの青い鳥探知機

大きなカバン(お金)を持って幸せを探すけど、ファスナーを開けると鳥の羽など(自然)が入っている。本当の幸せとはなんだろう?　という思いをこめた。私の名前が「みちる」なので、青い鳥は、私の作品によく登場するんだ

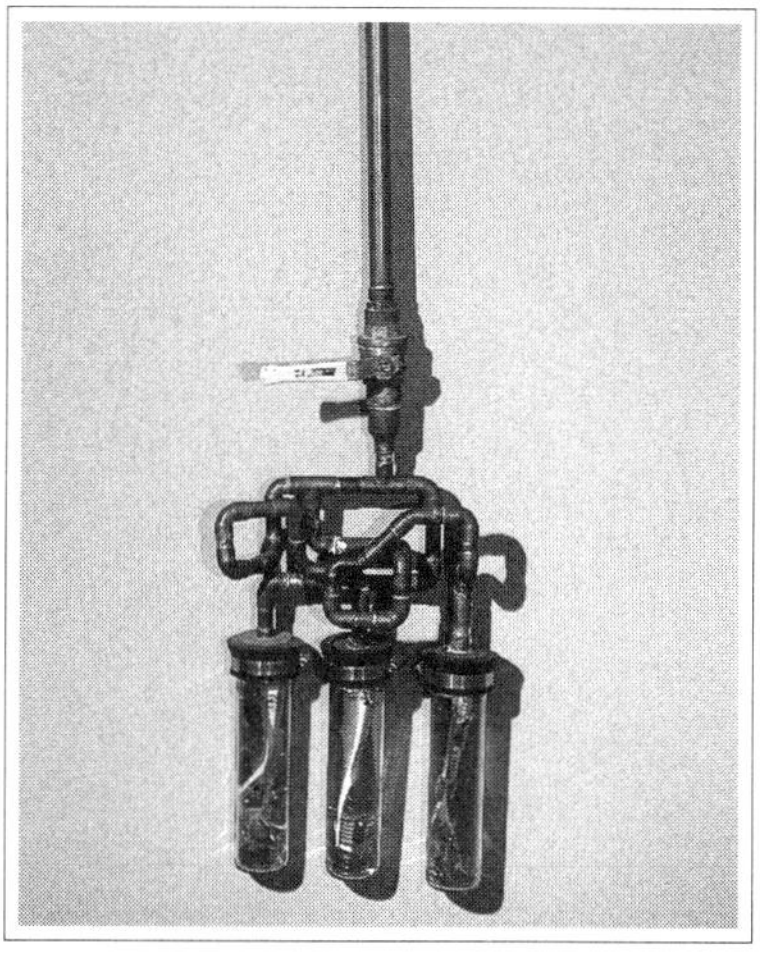

Untitled 無題

メキシコの歯医者へ通っていたころ、夢の中にまで歯ブラシが出てきた。歯ブラシの入ったビンにつながる迷路のようなチューブは、歯磨《みが》きをさぼったせいで、つら〜い思いをすることになった私の気持ち(本文 181ページ)

みんなも「自分流」を見つけてね！

とにかく今は、アートに夢中！

卒業まで残すところ九単位。まず間違《まちが》いなく、今学期中にはとれるはずだ。あとは、カテゴリーごとに必要単位をチェックして、カウンセラーの先生に見てもらい、申しこみ書を大学に提出してOKになれば、卒業証書をもらえる。

でも、まだとりたいクラスがいっぱい残っている。卒業してもクラスをとることはできるけど、在籍《ざいせき》の学生よりも授業料がかなり高くなってしまう。先生たちにもなかなか会えなくなるし、大学のいい設備を使えなくなってしまうのも痛い。悩《なや》んでいたら、大好きなキーリー先生が、まだ卒業するのはやめておいたら、とアドバイスしてくれた。そうか、卒業を先にのばすという選択肢《せんたくし》もあるんだね。やっぱり大学に残って、テキスタイル、プリントメイキング、家具デザイン、ペインティングなどのクラスをとって、もっと勉強しようと決めた。来年か、もっと先になるかもしれないけれど、大学院へ行く準備も始められるかもしれないしね。

これからはフルタイムの学生ではなくなるので、時間の余裕《よゆう》もできる。それで今、収入を増やすためにも、リメイクした服やアクセサリーをお店に置かせてもらい、売りはじめているんだ。たとえば、スカートのすそに模様をミシンで縫《ぬ》ったり、違《ちが》う生地を足したり、ペンキやブリーチをたらしたり、遊び感覚で個性的なデザインの服を作っている。日本のアニメをモチーフにしたブレスレットのパーツなど、アートっぽいユニークなアクセサリーも作っている。売れ行きも好調だ。いつか、自分の絵やアクセサリーや、日本から輸入した雑貨を売る、かわいいアートショップが持てたらいいな。

大学での五年間、いろんな人との出会いがあったよ

わりと恵《めぐ》まれた家庭からきていた高校のクラスメートとは違い、大学では、苦労しながら自力で生活している友達がたくさんいる。今まで知らなかった生き方、考え方を学べたことは、私にとってすごく大きなことだったよ。先生方はみんな尊敬できるアーティストで、彼《かれ》らがすごいのは、自分たちが学んでいたころの古いアートにとどまったりしないことだ。時代とともに常に変化しているモダンアートに敏感《びんかん》で、それを受け入れ、挑戦《ちょうせん》し続けている。やわらかい心と、ものすごいエネルギーをもっていなければ、とてもできないことだよね。そういう先生方の姿勢は、授業からはもちろん、彼らのアート・ショー、個展からおおいに感じ取れて、私もいい刺激を受けてきた。

芸術の道は、本気でないと続けることができない。大学院生たちは、ほとんど全員が奨《しょう》学金《がくきん》をもらいながら、一日中制作に取り組んでいる。一生の仕事としてアートをやってい

こうと決めるには「勇気」がいる。いくらやっても、将来どうなるのかわからない心細い道なので、孤独感《こどくかん》におそわれることもある。そんなときは、仲間たちといっしょに励《はげ》まし合いながら制作した経験が、心のささえなんだ。

友達もみんな、それぞれの道でがんばっているよ

この本に登場した友達はその後どうしているかというと……。

コーディは、小さな水道工事の会社で週四日ほど仕事をしながら、コミュニティカレッジで造園の勉強をしている。日本にあるような流水庭園を造る専門家になりたい、という彼の夢にだんだん近づきつつある。サーフィンをしているせいか、日に焼けて、アメリカンインディアンの血が混じったお父さんにもよく似てきた。相変わらず物を作るのが大好きで、すぐ棚《たな》を作ってくれたり、家の修繕《しゅうぜん》をしてくれたり、みんなおおいに助かっている。

デイビッドはスイスに戻《もど》ったあとも、ときどきサンディエゴに帰ってきて私たちを喜ばせている。エアコン関係のお父さんの会社を手伝いながら、ホームページを作るアルバイトもしているそうだ。いつも不思議なものに夢中な彼は、今はマヤ文明にはまっていて、彼らが残した暦や星の観察の正確さに驚《おどろ》かされるばかりでなく、その哲学《てつがく》までもが素晴《すば》らしいと言っている。

大学院を終えたネイトは、先生としてサンフランシスコの方で教えているけれど、友達

が多いこっちにまた戻りたいと、サンディエゴ近辺の学校で職を探している。私の弟のルーキーはサンフランシスコ近くの大学に進んだので、ときどき彼のところを訪問しているようだ。ドラムのたたき方でも教わっているのかな。

メーガンはまだ大学生。一学期あたり六単位と、ふつうの半分のゆっくりしたペースで、興味のあるクラスだけをとっている。専攻《せんこう》もよく変わっているけれど、頭のいいメーガンのことだから、あせらずにやりたいことを見つけると思う。

シェーンは卒業後、自分の絵を売りながら外国旅行をして、お父さんの母国インドを訪ねたり、この春には大阪に滞在《たいざい》していた。日本のグラフィティアーティストとも友達になって、日本で売るためのTシャツなどのデザインもすることになったそうだ。

なんにでも挑戦《ちょうせん》して、得意なことを見つけよう!

作品作りに夢中の私は、この四か月ほど、テレビをまったく見ていない。やりたいことを見つけたら、私は「努力」が何より大切だと思う。努力といっても堅苦《かたくる》しいことじゃなく、自分のエネルギーを思いっきりかけることだ。たとえ、ひとつの夢がかなわなくても、その努力は次の何かにきっとつながっていくはずだからね。

若いうちに旅をするのも、大切なことだと思う。海外旅行もいいけど、ちょっととなりの県や町に行くだけでもいいと思うよ。そこに住んでいる人や生活に興味をもったら、話しかけてみるんだ。たとえば漁師さんに、何を獲《と》っているのか聞いてみるとかね。この本にも書いたけど、ホームレスの人からだって学ぶことはたくさんある。ナチュラリストで文化人類学者の父は、なんにでも興味をもち、いつもニコニコと話しかけて、地元の人にいろいろなことを教えてもらっているので、日本全国にたくさん友達がいる。そうやって得ることは、親や先生から言われたり、テレビで見たり、教科書で教わる知識とは違うと思う。自分の考えを作っていくことになると思うんだ。

人間にはいろんな能力があるよね。記憶力や理論的な思考力に恵まれた人は、学校の成績もよく、入試もうまくいって社会の中で成功者と思われている。でも、そういう能力には恵《めぐ》まれなくても、感性が強かったり、創造する力があったり、コミュニケーション能力に優れたりする人がいる。そういう人は、学校の成績ばかり評価される社会では、自分は敗者かな、と思いがちだけど、ほんとうはそうじゃない。アメリカでは、勉強以外の能力もちゃんと高く評価されるんだよ。

私も大学に入ってからわかったのだけど、いつ能力が花開くか、成長するかは人それぞれだ。学校の成績が悪くて「いい学校」に入れなかったとしても、じつは自分には勉強とは違うすごい才能があることに、ある日突然《とつぜん》気づくこともある。自分にどんな能力があるのかわかったら、今度は他人の特別な才能も発見できるようになると思うよ。そして、おたがいの能力を尊重し、自分の能力を伸ばしていければ最高だよね。

私は、勉強はあまり得意ではないかわりに、ものを作ることが大好きだという能力に恵まれた。パパは、試験にも強くて博士にもなったけど、私がさっとうまく絵を描《か》いたりすると、「いいな、ミッチーがうらやましくてしょうがない」といつも言う。私は、この「私だけの能力」をもっと社会の中でも生かしていきたい。

もし、この本を読んでくれたみんなの中で、自分の力がわからない、自信がないな、っていう人がいたら、旅に出たり、なんでも試してみるといいと思う。「私はこれが得意なような気がする」と、自分の中にある能力を見つけたら、とにかくそれに夢中になってみよう。情熱をもって一生懸命《いっしょうけんめい》努力していると、人生がきっと楽しくてしょうがなくなるはずだよ！　私もやってみる。みんなも挑戦してみてね！

これまでずっと読みついでくれている読者のみなさん、私の本に登場してくれた友人たち、そして私の日本語力を忍耐《にんたい》強くカバーしてくれた母に、とても感謝しています。

Thanks everybody!

じゃあ、また！

ショート・みちる

ショート・みちる
Michy Short
1980年、北海道生まれ。父のケビン・ショート氏はアメリカ人のナチュラリストで作家、母は日本人。1983年、両親とともにアメリカ、カリフォルニア州へ渡り、1985年に日本に帰国。千葉県で小学校時代を過ごし、1993年3月、卒業と同時に再びアメリカへ。カリフォルニア州サンディエゴで、母、弟、従兄弟、ゴールデンレトリバーの愛犬クマとともに暮らし、中学校、高校生活を送る。現在は、友人たちといっしょに暮らしながら、サンディエゴ州立大学芸術学部で、絵や造形などアート全般を学んでいる。
著書に『みちるのアメリカ留学記』『みちるのハイスクール日記』(小峰書店)がある。

装幀・編集協力＝株式会社凱風舎

カリフォルニア留学記 ちょっとスローにみちる流

2005年7月11日　第1刷発行

著者　ショート・みちる
発行者　小峰紀雄
発行所　株式会社小峰書店
〒162-0066 小峰書店　東京都新宿区市谷台町4-15
電話 03-3357-3521　Fax 03-3357-1027
http://www.komineshoten.co.jp/

組版　株式会社タイプアンドたいぽ
印刷　株式会社厚徳社
製本　小高製本工業株式会社
乱丁・落丁本はお取り替えいたします。

ISBN4-338-08146-5 NDC916 20cm 231p